8급

# 신나는 漢字 대모험

디지털 시대, 한자가 곧 문해력!

이수철, 김상은, 김용욱, 김혜신, 사공정일, 이슬비, 이영민, 조미나 지음

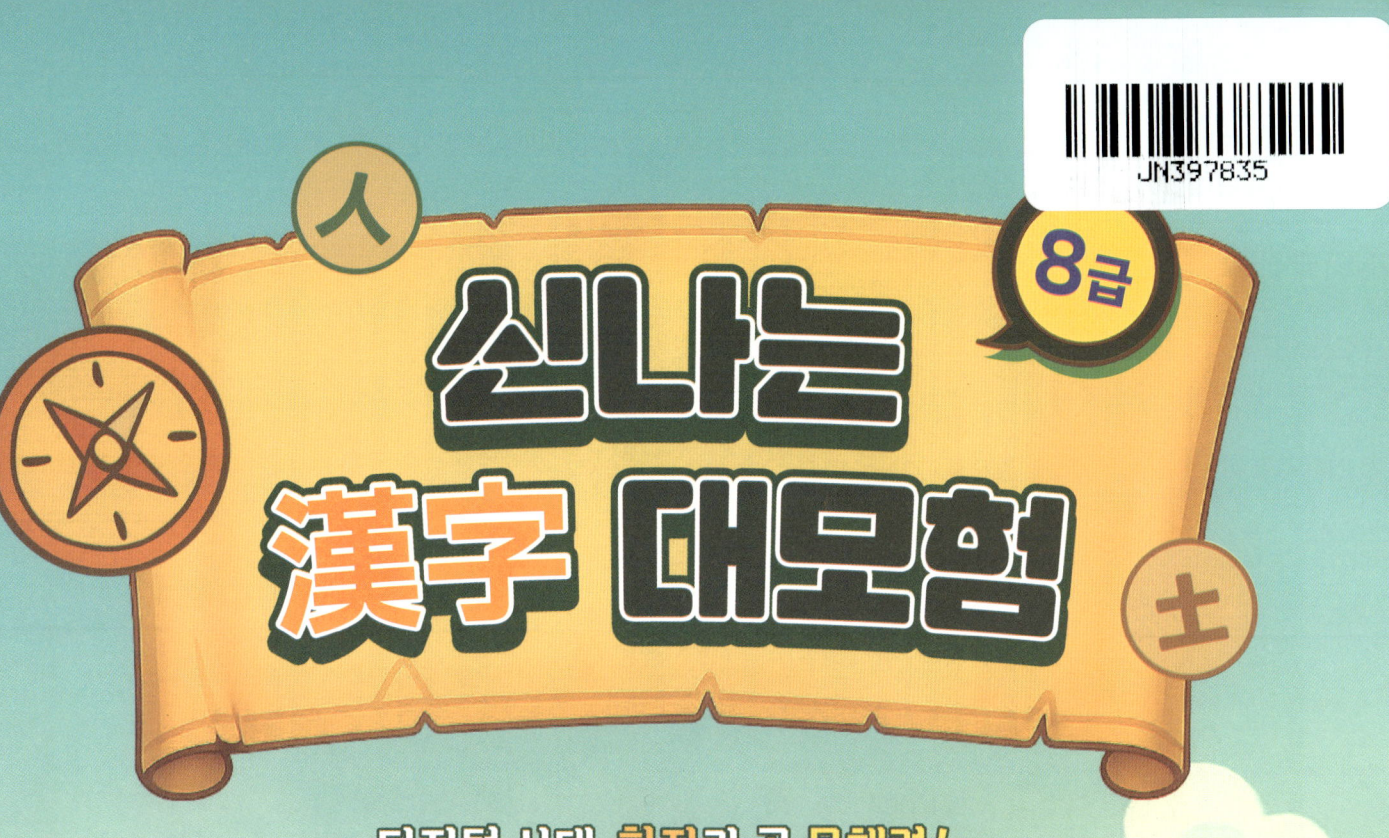

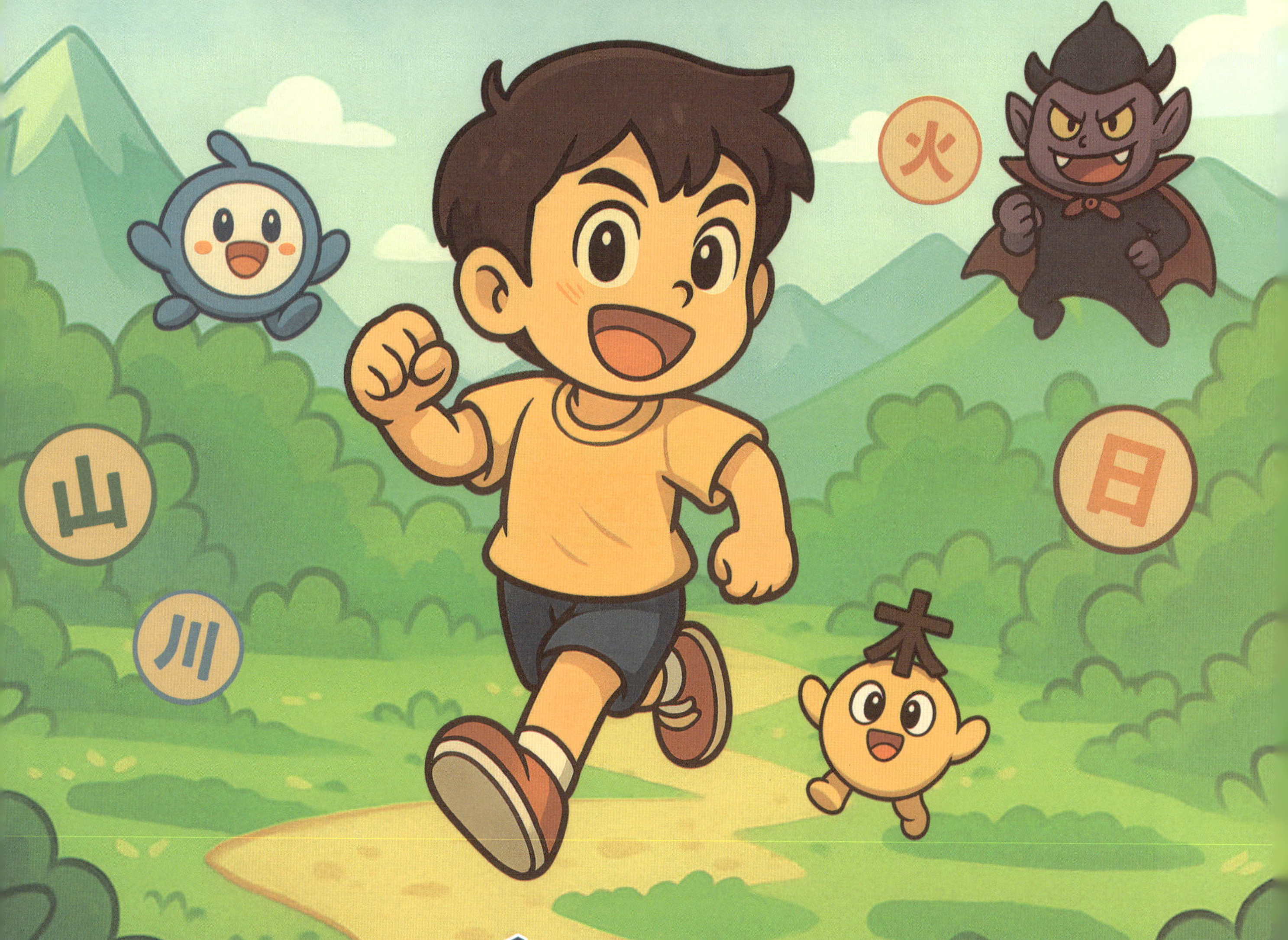


에이다

디지털 시대, 한자가 곧 문해력!

### 신나는 한자 대모험 8급

| | |
|---|---|
| 초판 1쇄 발행 | 2025년 10월 17일 |
| 지 은 이 | 이수철, 김상은, 김용욱, 김혜신, 사공정일, 이슬비, 이영민, 조미나 |
| 펴 낸 이 | 우유원 |
| 펴 낸 곳 | (주)에이다 |
| 디자인/인쇄 | 디자인심원 |
| 주 소 | 경기도 화성시 동탄영천로 105, 109호 |
| 전 화 | 031-376-2690 |
| 팩 스 | 031-373-2690 |
| 홈 페 이 지 | www.eida.kr |
| 이 메 일 | support@eida.kr |
| 등 록 | 제2025-000056호 (2025년 6월 11일) |
| I S B N | 979-11-994260-0-9 |

※ 이 책의 내용 및 구성의 저작권은 (주)에이다와 지은이에게 있으며, 저작권법의 보호를 받습니다.
※ 이 책에 대한 의견, 오탈자 및 잘못된 내용은 출판사 이메일로 알려 주십시오.
※ 파손된 책은 구매처에서 교환하실 수 있습니다.
※ 정가는 뒤표지에 표시되어 있습니다.

## 추천사

우리나라 언어 학습에서 한자를 익히는 것은 유창성과 창의성을 높이는 핵심적인 역량입니다. 그러나 많은 아이들에게 한자는 여전히 어렵고 낯선 대상으로 다가옵니다. 이 책은 한자를 단순히 외워야 하는 글자가 아니라, 모험과 놀이 속에서 자연스럽게 익히도록 안내합니다. 주인공 한별이와 친구들이 함께 떠나는 여정은 아이들이 흥미를 가지고 한자의 세계에 발을 내딛도록 이끌어 줍니다. 각 장마다 제시되는 미션과 활동은 단순한 글자 학습을 넘어, 그 속에 담긴 의미와 쓰임새를 깨닫게 하여 한자를 '살아 있는 지식'으로 경험하게 합니다.

특히 아이들이 직접 쓰고, 찾고, 연결하며 문제를 해결하는 과정은 학습의 즐거움과 더불어 성취감까지 선물합니다. 나아가 한자가 지닌 깊은 문화적 맥락을 자연스럽게 접할 수 있어 교육적 가치 또한 매우 큽니다. 이 책은 한자 학습을 처음 시작하는 어린이들에게 튼튼한 기초와 자기주도적 학습 역량을 길러주는 든든한 동반자가 될 것입니다. 부모님과 선생님들께서도 아이들과 함께 읽고 활용하신다면, 한자는 두려움이 아닌 새로운 세상을 여는 열쇠가 될 것이라 확신합니다.

**정제영** 한국교육학술정보원 원장, 이화여대 교수

오늘날 디지털 사회에서 아이들의 문해력은 교과 학습의 기초이자 미래를 살아가는 데 꼭 필요한 힘입니다. 「신나는 漢字 대모험」은 한자를 단순히 외우는 것이 아니라, 재미있는 이야기와 다양한 이해 활동 속에서 자연스럽게 익히도록 구성된 탁월한 학습서입니다.

이 책은 아이들에게 어휘력과 사고력을 길러줄 뿐 아니라, 교과 학습에서 이해하는 힘을 키워주고, 나아가 디지털 정보 사회에서 꼭 필요한 읽기•이해 능력과 디지털 리터러시를 함께 성장시켜 줄 것입니다.

특히 초등학생 눈높이에 맞춘 모험 이야기와 한자 원리 이해 활동은 학교에서의 교과 보충 교재로, 가정에서 한자 학습 교재로 어디서든 활용하기 좋습니다. 「신나는 漢字 대모험」이 우리 아이들의 호기심을 자극하고, 즐겁게 배우면서도 깊이 있는 문해력을 기를 수 있는 든든한 동반자가 되리라 확신합니다.

미래 사회의 주역으로 성장할 우리 아이들에게 한자 학습의 친한 친구로 이 책을 추천합니다.

**백정현** 천안부대초등학교 교장

---

디지털 사회에서 문해력은 핵심 역량입니다. 「신나는 漢字 대모험」은 한자 학습을 통해 어휘력과 사고력을 길러, 교과 이해를 돕고 디지털 정보 활용 능력을 향상시킬 것입니다. 이 책은 한자 학습을 넘어 미래 사회에 필요한 문해력과 디지털 리터러시를 동시에 함양하는 데 기여할 것입니다.

**김수동** 前 동국대 교수

「신나는 漢字 대모험」은 디지털 시대에 필수적인 문해력을 길러주는 탁월한 학습서입니다. 이 책은 한자를 단순히 암기하는 것을 넘어, 흥미진진한 이야기와 다채로운 활동을 통해 아이들이 한자의 원리와 의미를 자연스럽게 익히도록 돕습니다. 한별이와 한봇, 한자몬 친구들과 함께 떠나는 모험은 아이들의 호기심을 자극하고, 한자를 쉽고 즐겁게 배울 수 있는 환경을 제공합니다.

또한 한자의 유래를 이해하고, 생활 속 단어을 익히며 문해력을 향상시키는 이 책의 교육 방식은 인공지능 미래 사회를 살아갈 우리 아이들에게 큰 자산이 될 것입니다. 놀이처럼 배우는 한자는 인공지능 디지털 세상에서 아이들이 글을 읽고 어려운 단어의 뜻을 이해하는 데 든든한 기초가 되어줄 것입니다.

**이형세** 한국디지털교육협회장

「신나는 漢字 대모험」은 디지털 시대에 중요한 문해력을 길러줄 책입니다. 교과 학습의 기초인 문해력은 디지털 사회에서 정보 이해와 활용에 필수적인 역량입니다. 이 책은 한자를 재미있게 익혀 어휘 이해력과 사고력을 높여줍니다. 특히, 이야기와 활동을 통한 한자 원리 이해는 디지털 콘텐츠 분석 및 지식 창조에 필요한 디지털 리터러시 역량을 기르는 데도 기여할 것입니다. 「신나는 漢字 대모험」과 함께 미래 사회의 주역으로 성장하시기를 응원합니다!

**김덕진** 대전교육청 장학관

한자를 배우며 아이들은 어휘력과 표현력이 깊어지고, 디지털 시대에 꼭 필요한 사고력·문해력·창의적 문제 해결력까지 함께 길러집니다.

한별이의 모험을 통해 한자가 이야기처럼 자연스럽게 스며들고 익히게 되는 경험을 할 수 있습니다.

모험 속에서 직접 쓰고, 발견하고, 문제를 맞추는 즐거운 여정을 통해 스스로 배우는 기쁨과 한 걸음씩 성장하는 감동을 느끼게 됩니다.

이러한 한자 학습은 디지털 문해력과도 깊이 연결되어 있습니다.

한자의 모양·뜻·소리를 파악하고 연결하는 과정은 복잡한 정보를 읽고, 해석하고, 맥락을 이해하는 디지털 시대의 핵심 역량과 닮아 있습니다.

이 책은 아이들이 화면 속에서 무심코 지나치는 한자어를 스스로 찾아 읽고, 정보의 의미를 분석하며 사고력을 확장하는 힘을 길러 줍니다.

수업 현장에서 만난 많은 아이들이 이 과정을 통해 한자에 대한 두려움을 극복하고, 스스로 배움을 즐기며 친구와 협력해 문제를 해결하는 모습으로 변해 갔습니다.

아이들의 마음에 새로운 배움의 길을 열어 줄 이 책을, 부모님과 선생님들이 함께 읽어 보시길 권합니다.

**황영옥** 대전중등수석교사, 대전정책연구회회장, 대전시미래교육박람회수업추진단

# 차 례

| 1장 | 숫자 마을, 멈춘 시간을 되돌려라!<br>一 二 三 四 五 六 七 八 九 十 | 11 |
| --- | --- | --- |
| 2장 | 요일 마을, 하늘 달력을 되찾아라!<br>日 月 火 水 木 金 土 | 27 |
| 3장 | 뒤섞인 크기 마을, 잃어버린 질서를 찾아라!<br>人 王 山 大 中 小 門 | 39 |
| 4장 | 가족 마을, 뒤바뀐 역할을 바로잡아라!<br>子 女 兄 弟 父 母 | 51 |
| 5장 | 방향 마을, 뒤바뀐 나침반을 고쳐라!<br>寸 東 南 西 北 | 63 |
| 6장 | 빛과 시간의 탑-잃어버린 약속<br>白 青 軍 萬 年 | 73 |
| 7장 | 배움의 언덕, 사라진 선생님을 찾아라!<br>先 生 學 校 長 | 83 |
| 8장 | 마지막 수업, 다시 만날 약속<br>教 室 外 國 民 韓 | 93 |

## 이 책의 '특징'

한자는 우리말에 꼭 필요한 글자예요. 학교에서 배우는 국어, 수학, 사회, 과학 교과서에도 한자어가 아주 많이 나와요. 하지만 한자가 어렵게 느껴지면 글을 읽을 때 뜻을 잘 모르고 헷갈릴 수 있어요. 그래서 이 책은 재미있는 이야기와 함께 한자를 쉽고 즐겁게 배울 수 있도록 만들었어요.

이 책에서는 주인공 한별이와 똑똑한 로봇 한봇, 귀여운 한자몬 친구들이 한자 마을을 구하러 모험을 떠나요. 마을을 구하려면 우리가 한자의 모양과 뜻을 알아야 해요. 형성 원리를 통해 한자가 어떻게 생겼는지 배우고, 생활 속에서 자주 쓰는 단어도 함께 익힐 수 있어요.

한자를 그냥 외우는 것이 아니라, 게임도 하고, 그림도 그리고, 퀴즈도 풀면서 신나게 배우는 책이에요. 놀이처럼 한자를 배우다 보면 자연스럽게 글을 더 잘 읽고, 어려운 단어의 뜻도 쉽게 알 수 있어요.

한별이와 함께 신나는 한자 대모험을 떠나볼까요?

# 캐릭터 소개

| 캐릭터 | 역할 | 특징 |
|---|---|---|
| 한별 | 주인공 | · 호기심 많고 모험심 강함<br>· 문제를 만나도 포기하지 않고 끝까지 해보려는 끈기가 있음<br>· 실패를 두려워하지 않음<br>· 친구(한자몬, 한봇)를 잘 챙기고 따뜻한 말로 용기를 줌 |
| 한봇 | 주인공 | · 똑똑하고 논리적인 성격<br>· 침착하고 차분한 태도로 한별이에게 정보를 제공<br>· 엉뚱한 말을 해서 분위기를 재미있게 만듦<br>· 한별이를 걱정하는 따뜻한 마음을 가짐 |
| 오류 대마왕 | 악당 | · 장난꾸러기<br>· 심술궂고 엉뚱한 성격이지만 완전히 나쁜 존재는 아님<br>· 한자에 대한 질투심 때문에 마법을 걸었지만 속마음은 외로움을 품고 있음<br>· 한자몬들이 회복되는 과정에서 은근히 응원하거나 시치미를 뗌 |
| 한자몬 | 도움이 필요한 친구들 | · 마법에 걸려 혼란스러운 상태<br>· 귀엽고 착하며 밝은 성격<br>· 한별과 한봇의 도움으로 원래 뜻과 모습을 되찾음<br>· 한별이와 한봇의 도움을 진심으로 고마워하며 다시 한자나라를 지키는 친구들로 돌아감 |

# 프롤로그

한자를 좋아하는 한별이, 어느 날 태블릿 게임을 하다
한자나라로 빨려 들어갔어요!
그곳은 오류 대마왕이 한자들을 망가뜨린 엉망진창 나라!
"세상을 되돌리려면 한자몬들을 구해야 해!"
한봇과 함께 미션을 하나씩 해결하는 한별이!
한자들이 제자리를 찾자 세상도 점점 정상으로!
과연 한별이는 집으로 돌아갈 수 있을까요?

## 1장

# 숫자 마을, 멈춘 시간을 되돌려라!

# 1장
## 숫자 마을, 멈춘 시간을 되돌려라!

"지금 우리가 있는 곳은 숫자 마을이야."

"숫자 마을?" 한별이는 고개를 갸웃했어요.

"응. 이 마을은 '하나부터 열까지' 숫자 한자로 움직여. 숫자가 없으면 세상이 멈춰버려. 그런데 오류 대마왕이 숫자 한자들을 빼앗아 간거야."

한별이는 주먹을 꼭 쥐며 말했어요.

"좋아, 그럼 우리가 한자몬 친구들을 되찾아오자. 이 숫자 마을을 다시 움직이게 할거야!"

## 미션 1  시계를 돌려라!

시계는 멈췄고, 시간은 흐르지 않았어요!
한봇 : '一'은 한 줄, 시작을 뜻해!
한별이는 조심스럽게 시계를 바라보았어요.
"시작해볼까?" 하고 말하며 곧게 한 줄을 그렸어요.
그러자 빛이 퍼지며 '하나' 한자몬이 환하게 등장했어요!

**되찾은 한자**   一 (하나 일)

| 一 | 一 |  |  |
|---|---|---|---|
| 하나 **일** | 하나 일 | 하나 일 | 하나 일 |

---

1. 하나 일(一)을 찾아 ○표 하세요.

| 一 | 三 | 二 |
|---|---|---|
| 五 | 一 | 四 |
| 一 | 五 | 二 |
| 四 | 三 | 一 |

2. 하나 일(一)이 들어가는 단어들을 알아보고 하나 일(一)을 쓰세요.

| 일 분 | 일 등 |
|---|---|
| 일 분 | 일 등 |
| 一 分 | 一 等 |
| 일 분 | 일 등 |
| 一 分 | 一 等 |

제1장 숫자 마을, 멈춘 시간을 되돌려라!

## 미션2 다리를 이어라!

다리가 끊어져 사람들은 건너가지 못했어요.
한봇 : '二'는 나란히 있는 두 줄이야!
한별이는 멀리 떨어진 두 다리 끝을 바라보았어요.
"다리도 나란히 이어야 해!" 하고 속삭이며 선을 그렸어요.
한별이가 선을 그리자, '둘' 한자몬이 반짝이며 나타났어요!

**되찾은 한자** 二 (두 이)

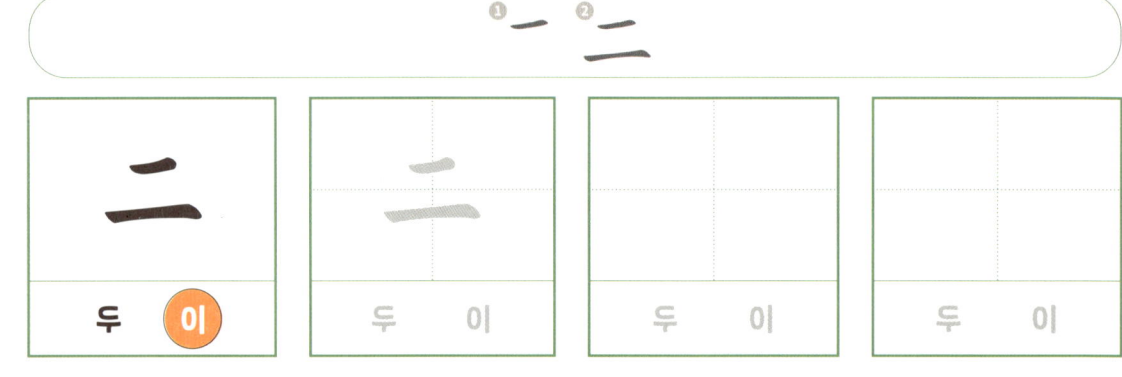

1. 두 이(二)의 의미를 생각하며 그림을 색칠하세요.

2. 두 이(二)가 들어가는 단어들을 알아보고 두 이(二)를 쓰세요.

14 신나는 한자 대모험

## 미션3 신호등을 켜라!

아이들이 길을 못 건너고 있었어요.
"신호등이 안 켜져요!"
한봇 : 삼(三)은 하늘, 땅, 사람을 뜻하는 세 줄이야!
한별이는 조심스레 손가락으로 세 줄을 그렸어요. 그러자 빛이 번쩍! '셋' 한자몬이 나타나며 신호등이 켜졌어요!

**되찾은 한자** 　 三 (석 삼)

① 一　② 二　③ 三

| 三 | 三 | | |
|---|---|---|---|
| 석 삼 | 석 삼 | 석 삼 | 석 삼 |

1. 석 삼(三) 한자를 찾아 색칠하세요.

| 一 | 二 | 二 | 一 | 二 |
|---|---|---|---|---|
| 三 | 三 | 三 | 三 | 三 |
| 二 | 一 | 二 | 二 | 一 |
| 三 | 三 | 三 | 三 | 三 |
| 一 | 一 | 二 | 二 | 一 |
| 三 | 三 | 三 | 三 | 三 |

2. 석 삼(三)이 들어가는 단어들을 알아보고 석 삼(三)을 쓰세요.

| 삼 형 제 | 삼 각 형 |
|---|---|
| 삼 형 제 | 삼 각 형 |
| 三兄弟 | 三角形 |
| 삼 형 제 | 삼 각 형 |
| 三兄弟 | 三角形 |

제1장 숫자 마을, 멈춘 시간을 되돌려라!

## 미션4 잠긴 교실을 열어라!

잠긴 교실 안에서 "살려줘!" 하는 목소리가 들렸어요.
한봇 : 사(四)는 네모 안에 구멍이 있는 모양이야!
한별이는 조심스럽게 네모와 작은 점을 그렸어요.
그 순간 문이 스르륵 열리며 빛이 퍼졌어요.
'넷' 한자몬이 튀어나오며 교실이 환해졌어요!

**되찾은 한자** 四 (넉 사)

①丨 ②冂 ③冃 ④四 ⑤四

넉 **사**

넉 사

넉 사

넉 사

1. 일(一)부터 사(四)까지 한자를 연결하여 아래 미로를 탈출하세요.

2. 넉 사(四)가 들어가는 단어들을 알아보고 넉 사(四)를 쓰세요.

| 사 계 | 사 촌 |
|---|---|
| 사 계 四季 | 사 촌 四寸 |
| 사 계 四季 | 사 촌 四寸 |

16 신나는 한자 대모험

## 미션5 로봇 손을 움직여라!

로봇 손이 멈춰 서서 꼼짝도 하지 않았어요.
"안에서 누가 갇혀 있는 것 같아!"
한봇 : 오(五)는 손가락 다섯 개를 뜻하지!
한별이는 펼친 손 모양을 따라 그렸어요. 그러자 '다섯'
한자몬이 나타나며 로봇 손이 다시 움직였어요!

**되찾은 한자**  五 (다섯 오)

①一 ②丁 ③五 ④五

| 五 | 五 | | |
|---|---|---|---|
| 다섯 오 | 다섯 오 | 다섯 오 | 다섯 오 |

1. 다섯 오(五)를 모두 찾아 ○표하고, 몇 개인지 쓰세요. (　　)개

四 五 二
一 四
二 五 三
五 一
三 二 五
四 三

2. 다섯 오(五)가 들어가는 단어들을 알아보고 다섯 오(五)를 쓰세요.

| 오륜기 | 오감 |
|---|---|
| 오륜기 | 오감 |
| 五輪旗 | 五感 |
| 오륜기 | 오감 |
| 五輪旗 | 五感 |

제1장 숫자 마을, 멈춘 시간을 되돌려라! 17

## 미션 6 지붕을 만들어라!

비 오는 정자에 지붕이 사라져 모두 비를 맞고 있었어요.
"지붕이 없어서 비를 피할 수가 없어!"
한봇 : 육(六)은 지붕 아래 사람 모양이야!
한별이는 조심스럽게 지붕과 작은 점을 그렸어요.
그러자 '여섯' 한자몬이 비처럼 내려와 지붕을 만들어줬어요!

**되찾은 한자** 六 (여섯 육)

､ 二 亠 六

| 六 | 六 | | |
|---|---|---|---|
| 여섯 육 | 여섯 육 | 여섯 육 | 여섯 육 |

1. 여섯 육(六)을 찾아 ○표 하세요.

| 六 | 三 | 二 |
|---|---|---|
| 五 | 一 | 六 |
| 二 | 五 | 四 |
| 四 | 六 | 三 |

2. 여섯 육(六)이 들어가는 단어들을 알아보고 여섯 육(六)을 쓰세요.

| 6반 | ⬡ |
|---|---|
| 육반 | 육각형 |
| 육반<br>六班 | 육각형<br>六角形 |
| 육반<br>六班 | 육각형<br>六角形 |

## 미션 7   요리 대회장에는 칼이 필요해!

분주한 요리대회장에서, 모두 당황하고 있었어요.
"칼이 없어 요리를 못 해요!"
한봇 : 칠(七)은 날카로운 칼 모양이야!
한별이는 뾰족하게 선을 그리며 칼의 모습을 떠올렸어요.
그러자 '일곱' 한자몬이 반짝이는 도구를 들고 나타났어요!

**되찾은 한자**   七 (일곱 칠)

一 七

| 七 | 七 | | |
|---|---|---|---|
| 일곱 **칠** | 일곱 칠 | 일곱 칠 | 일곱 칠 |

1. 일곱 칠(七)의 의미를 생각하며 그림을 색칠하세요.

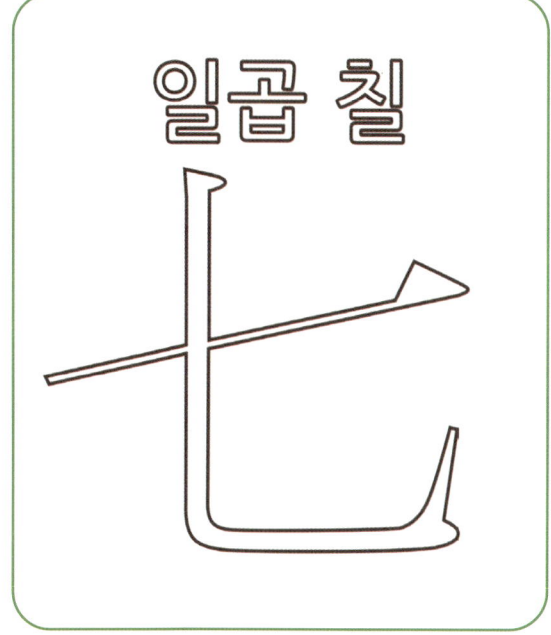

2. 일곱 칠(七)이 들어가는 단어들을 알아보고 일곱 칠(七)을 쓰세요.

| 칠 월 | 칠 교 판 |
|---|---|
| 칠 월<br>七月 | 칠 교 판<br>七巧板 |
| 칠 월<br>七月 | 칠 교 판<br>七巧板 |

제1장 숫자 마을, 멈춘 시간을 되돌려라!

## 미션8  물건을 정리해라!

분실물 보관소에 물건들이 뒤엉켜 엉망이었어요.
"어디에 뭐가 있는지 하나도 모르겠어!"
한봇 : 팔(八)은 갈라진 두 선이야!
한별이는 물건을 나누듯 갈라진 선을 그렸어요. 그러자
'여덟' 한자몬이 나타나 물건들을 반듯하게 정리했어요!

**되찾은 한자**  八 (여덟 팔)

丿 八

| 八 | 八 | | |
|---|---|---|---|
| 여덟 **팔** | 여덟 팔 | 여덟 팔 | 여덟 팔 |

1. 여덟 팔(八) 한자를 찾아 색칠하세요.

| 一 | 二 | 三 | 四 | 五 |
|---|---|---|---|---|
| 六 | 八 | 八 | 八 | 七 |
| 四 | 八 | 一 | 八 | 五 |
| 六 | 八 | 二 | 八 | 七 |
| 三 | 八 | 四 | 八 | 五 |
| 八 | 一 | 二 | 三 | 八 |

2. 여덟 팔(八)이 들어가는 단어들을 알아보고 여덟 팔(八)을 쓰세요.

팔방  팔순

| 팔방 | 팔순 |
|---|---|
| 八方 | 八旬 |

| 팔방 | 팔순 |
|---|---|
| 八方 | 八旬 |

## 미션 9  엉킨 줄을 풀어라!

연날리기 광장에서 연줄이 꼬여 아무도 연을 날리지 못했어요.
"줄이 엉켜서 하늘로 못 올라가요!"
한봇 : 구(九)는 굽은 선이야. 연이 날아오르는 모습이지!
한별이는 하늘을 그리듯 구불구불한 선을 그렸어요.
그러자 '아홉' 한자몬이 연줄을 풀고 연을 높이 띄웠어요!

**되찾은 한자**   九 (아홉 구)

丿九

| 九 | 九 | | |
|---|---|---|---|
| 아홉 구 | 아홉 구 | 아홉 구 | 아홉 구 |

1. 한별이가 아홉 구(九)를 찾을 수 있도록 미로를 탈출하세요.

2. 아홉 구(九)가 들어가는 단어들을 알아보고 아홉 구(九)를 쓰세요.

| 구구단 | 구만리 |
|---|---|
| 구구단<br>九九段 | 구만리<br>九萬里 |
| 구구단<br>九九段 | 구만리<br>九萬里 |

제1장 숫자 마을, 멈춘 시간을 되돌려라!

## 미션10 다리를 이어라!

마을 한복판, 깃발이 바닥에 떨어져 있었어요.
"깃발이 없으니 마을이 조용해졌어…"
한봇 : 십(十)은 서로 만나는 십자 모양이야!
한별이는 바닥 위에 십자 모양의 선을 그렸어요.
그러자 '열' 한자몬이 깃발을 번쩍 들며 환하게 웃었어요!

**되찾은 한자**  十 (열 십)

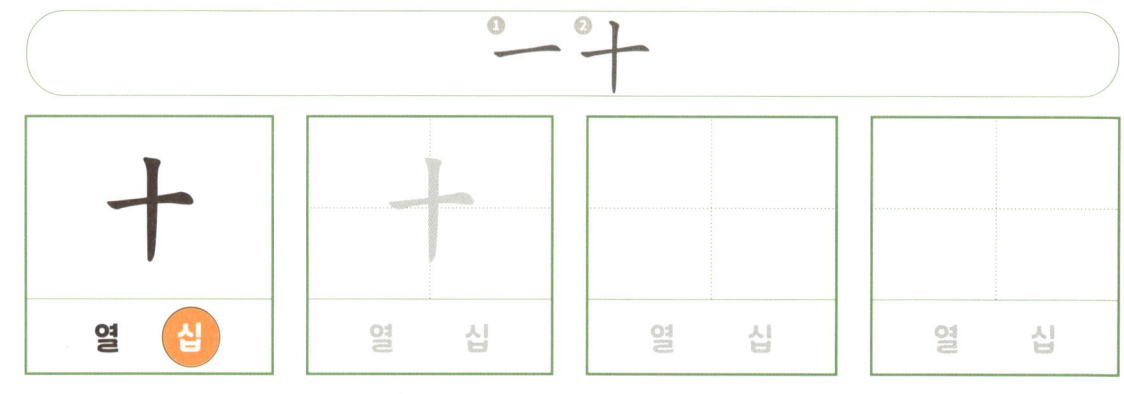

1. 열 십(十)을 모두 찾아 ○표시하고, 몇 개인지 쓰세요. (    )개

2. 열 십(十)이 들어가는 단어들을 알아보고 열 십(十)을 쓰세요.

숫자 마을 회복! 숫자 한자가 돌아오자 시계가 다시 똑딱! 놀이터도 환하게!
"숫자는 세상의 약속이야." 한봇이 말했어요.
한별이는 크게 웃었어요. "다음 마을로 가보자!"

**1장  한자 정리하기**

◆ 다음 한자(漢字)를 따라 쓰고 <u>뜻과 음</u>을 쓰세요.

| 一 | 二 | 三 | 四 | 五 |
|---|---|---|---|---|
| 하나 일 | 두 이 | 석 삼 | 넉 사 | 다섯 오 |
| 六 | 七 | 八 | 九 | 十 |
| 여섯 육 | 일곱 칠 | 여덟 팔 | 아홉 구 | 열 십 |

**1장**  더 나아가기

◆ 숫자 마을에서 되찾은 한자들을 문제로 해결하며 복습해 봅시다.

1. 다음 한자의 뜻과 음을 찾아 바르게 연결하세요.

   가. 一 •                    • 하나 일
   나. 二 •                    • 넉 사
   다. 三 •                    • 두 이
   라. 四 •                    • 석 삼

2. 다음 한자의 뜻과 음을 쓰세요.

   가. 五 (           )
   나. 六 (           )
   다. 七 (           )

3. 파란색 한자어의 음(소리)을 쓰세요.

   가. 오늘은 삼월 一일이에요.              삼월 (        )일
   나. 나는 친구들과 八자놀이를 했다.        (        )자놀이
   다. 이번 수학시험에서 九십점을 맞았다.    (        )십점
   라. 十자말풀이는 재미있다.               (        )자말

4. 다음 문장에 어울리는 한자어가 되도록 보기에서 골라 번호를 쓰세요.

> <보기>   ① 二   ② 三   ③ 四   ④ 五

가. 주말에 사촌형과 놀았다.　　　　　　　　(　　　)

나. 나는 삼남매의 막내입니다.　　　　　　　 (　　　)

다. 친구와 이인용 자전거를 탔어요.　　　　　(　　　)

라. 아빠는 오 분 뒤에 오신다고 하셨어요.　　(　　　)


5. 다음 문장을 읽고, '숫자'와 관련된 단어를 찾아 밑줄을 긋고, 숫자에 알맞은 한자를 쓰세요.

가. 우리 형은 육학년이다.　　　　　　　　　(　　　)

나. 내일은 할머니의 칠순 잔치가 있는 날이다.　(　　　)


6. 다음 밑줄 친 단어에 해당하는 한자를 찾아 ○표 하세요.

가. 할머니 댁은 이층집이다.　　　　　　( 一 , 二 )

나. 나는 사촌 동생과 재미있게 놀았다.　( 三 , 四 )

다. 우리는 오학년이 되었다.　　　　　　( 五 , 六 )

라. 수학 시간에 칠교놀이를 했다.　　　　( 七 , 八 )

제1장 숫자 마을, 멈춘 시간을 되돌려라!

디지털 시대, 한자가 곧 문해력!
## 신나는 漢字 대모험

# 2장

## 요일 마을, 하늘 달력을 되찾아라!

# 2장
## 요일 마을, 하늘 달력을 되찾아라!

한별이와 한봇! 이번엔 요일 마을에 도착했어요.

"어? 하늘 달력이 텅 비었어!"

"요일 한자가 모두 사라졌어!" 한봇이 말했어요.

"오류 대마왕이 또 한자몬들을 가둔 거야!"

한별이는 외쳤어요.

"그럼 이번에도 내가 구할게!"

## 미션 1   태양을 찾아라!

해가 뜨지 않아서 하루가 시작되지 않아요.
한봇 : '日'은 하늘에 떠 있는 둥근 해 모양이야.
가운데 점은 햇빛이 퍼지는 걸 나타내!
한별이가 둥근 해 모양과 점을 그리자, '해' 한자몬이
빛을 비췄어요!

**되찾은 한자**   日 (해 일)

해 일(日)은 해를 보고 만들었어요.

| 日 | 日 | | |
|---|---|---|---|
| 해 일, 날 일 | 해 일 | 해 일 | 해 일 |

---

1. 해 일(日)을 찾아 ○표 하세요.

2. 해 일(日)이 들어가는 단어들을 알아보고 해 일(日)을 써보세요.

내가 태어난 날 — 생 일 生 日

쉬는 날 — 휴 일 休 日

날마다 — 매 일 每 日

제2장 요일 마을, 하늘 달력을 되찾아라!   29

## 미션2 달을 밝혀라!

밤이 너무 어두워요! 달이 없어 너무 깜깜해요.
한봇 : '月'은 구부러진 초승달 모양에서 나왔어.
달빛은 어둠을 밝혀줘!
한별이가 휘어진 초승달 모양을 그리자,
'달' 한자몬이 은은하게 떠올랐어요!

**되찾은 한자** 月 (달 월)

달 월(月)은 달을 보고 만들었어요.

① ノ ② 刀 ③ 月 ④ 月

| 月 | 月 | | |
|---|---|---|---|
| 달 **월** | 달 월 | 달 월 | 달 월 |

1. 달 월(月)의 의미를 생각하며 아래 그림을 색칠하세요.

2. 달 월(月)이 들어가는 단어들을 알아보고 달 월(月)을 써보세요.

| | |
|---|---|
| 월요일 | 월요일<br>月曜日 |
| 매달, 매월 | 매월<br>每月 |
| 매달 받는 급여 | 월급<br>月給 |

## 미션3 불을 켜라!

모두가 추워서 떨고 있어요! 불이 꺼졌어요.
한봇 : '火'는 불꽃이 튀는 모양이야.
위로 타오르는 불꽃이 따뜻함을 전해줘!
한별이가 위로 튀는 불꽃을 그리자, '불' 한자몬이 활활 타올랐어요!

**되찾은 한자** 火 (불 화)

 →  →   불 화(火)는 불을 보고 만들었어요.

| 火 | 火 | | |
|---|---|---|---|
| 불 **화** | 불 화 | 불 화 | 불 화 |

1. 불 화(火)를 찾아 **빨간색**으로 색칠하세요.

| 五 | 一 | 五 | 九 | 十 | 四 | 月 | 三 | 二 |
|---|---|---|---|---|---|---|---|---|
| 一 | 日 | 二 | 九 | 火 | 一 | 六 | 二 | 火 |
| 一 | 火 | 月 | 一 | 火 | 日 | 三 | 火 | 五 |
| 七 | 六 | 火 | 二 | 火 | 日 | 火 | 二 | 九 |
| 月 | 七 | 月 | 二 | 火 | 十 | 七 | 九 | 三 |
| 六 | 六 | 五 | 日 | 火 | 五 | 六 | 月 | 九 |
| 三 | 日 | 七 | 火 | 一 | 火 | 四 | 五 | 四 |
| 五 | 四 | 火 | 十 | 五 | 三 | 火 | 三 | 五 |
| 一 | 火 | 二 | 七 | 五 | 一 | 九 | 火 | 二 |
| 火 | 九 | 日 | 十 | 六 | 月 | 一 | 二 | 火 |
| 四 | 日 | 四 | 五 | 四 | 十 | 三 | 四 | 六 |

2. 불 화(火)가 들어가는 단어들을 알아보고 불 화(火)를 써보세요.

 용암이 나오는 산 — 화산 火山

 불을 끄는데 쓰는 기구 — 소화기 消火器

 불로인한 재난 — 화재 火災

## 미션4 물을 흐르게 하라!

개울이 말라서 물고기들이 숨을 못 쉬어요!
한봇 : '水'는 가운데 물줄기와 양옆의 튀는 물방울 모습이야.
한별이가 물줄기와 점들을 그리자, '물' 한자몬이 졸졸 흐르기 시작했어요!

**되찾은 한자** 水 (물 수)

 ➡  ➡   물 수(水)는 흐르는 물을 보고 만들었어요.

① ㅣ ② 기 ③ 카 ④ 水

| 水 | 水 | | |
|---|---|---|---|
| 물 **수** | 물 수 | 물 수 | 물 수 |

---

1. 아래 그림 속에 숨어 있는 물 수(水)를 찾아 ○표 하세요.

2. 물 수(水)가 들어가는 단어들을 알아보고 물 수(水)를 써보세요.

| | |
|---|---|
| 물놀이, 수영을 하는 곳 | 수영장<br>水泳場 |
| 차가운 물 | 냉 수<br>冷 水 |
| 따뜻한 물 | 온 수<br>溫 水 |

## 미션5 나무를 심어라!

숲이 사라졌어요! 새들이 앉을 곳이 없어요.
한봇 : '木'은 줄기와 가지가 뻗은 나무의 모양이야.
한별이가 가지 뻗은 나무를 그리자, '나무' 한자몬이 쑥 자라났어요!

**되찾은 한자**  木 (나무 목)

木 → 木 → 木  나무 목(木)은 나무를 보고 만들었어요.

① 一 ② 十 ③ 才 ④ 木

| 木 나무 목 | 木 나무 목 | 나무 목 | 나무 목 |

1. 나무 목(木)의 의미를 생각하며 아래 그림을 색칠하세요.

2. 나무 목(木)이 들어가는 단어들을 알아보고 나무 목(木)을 써보세요.

| 나무로 집, 가구를 짓는 기술자 | 목 수<br>木 手 |
| 건축, 가구 제작에 사용되는 나무 재료 | 목 재<br>木 材 |
| 나무와 식물을 가꾼 정원 | 수 목 원<br>樹 木 園 |

제2장 요일 마을, 하늘 달력을 되찾아라!

## 미션6 황금을 찾아라!

소중한 황금 보물이 사라졌어요. 황금 보물을 되찾아 주세요.
한봇 : '金'은 광물과 보석이 땅속에서 나는 모습이야.
가운데 점들은 반짝이는 금속을 뜻해!
한별이가 보석 같은 점들을 찍자, '황금' 한자몬이 반짝이며 나왔어요!

**되찾은 한자** 金 (쇠 금)

 →  → 金

쇠 금(金)은 쇠를 만드는 틀을 보고 만들었어요.

① ノ ② 入 ③ 스 ④ 仐 ⑤ 夲 ⑥ 余 ⑦ 余 ⑧ 金

| 金 | 金 | | |
|---|---|---|---|
| 쇠 **금** | 쇠 금 | 쇠 금 | 쇠 금 |

1. 쇠 금(金)을 찾아 ○표 하세요.

| 金 | 十 | 月 |
|---|---|---|
| 木 | 金 | 木 |
| 八 | 水 | 金 |
| 金 | 木 | 九 |

2. 쇠 금(金)이 들어가는 단어들을 알아보고 쇠 금(金)을 써보세요.

| | |
|---|---|
|  금을 가공, 또는 파는 가게 | 금은방<br>金銀房 |
|  금,은,동으로 나누었을 때 1등 | 금 상<br>金 賞 |
|  쇠붙이 | 금 속<br>金 屬 |

## 미션7  흙을 되살려라!

땅이 말라 씨앗이 자라지 않아요!
한복 : '土'는 흙더미 위에 선이 그어진 모양이야.
생명이 시작되는 곳이지!
한별이가 흙더미 모양을 그리자, '흙이' 한자몬이 서서히 일어났어요!

**되찾은 한자**  土 (흙 토)

 →  → 土   흙 토(土)는 흙을 보고 만들었어요.

一 十 土

| 土 | 土 | | |
|---|---|---|---|
| 흙 **토** | 흙 토 | 흙 토 | 흙 토 |

1. 흙 토(土)가 있는 칸은 갈색으로, 비어있는 칸은 하늘색으로 색칠하세요.

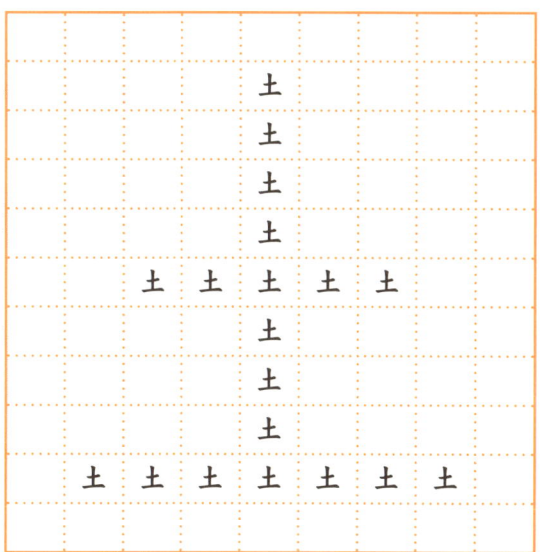

2. 흙 토(土)가 들어가는 단어들을 알아보고 흙 토(土)를 써보세요.

| | 토 지 |
|---|---|
| 땅이나 대지 | 土 地 |
| 지표면의 흙 | 토 양<br>土 壤 |
| 토요일 | 토요일<br>土 曜 日 |

제2장 요일 마을, 하늘 달력을 되찾아라!

요일 마을 회복!
하늘 달력이 다시 반짝!
일, 월, 화, 수, 목, 금, 토
"이게 진짜 요일이었구나!"
한별이가 말했어요.
"자, 다음 마을로 출발!"

## 2장 한자 정리하기

◆ 달력의 요일을 한자(漢字)로 따라서 쓰세요.

| 일 | 월 | 화 | 수 | 목 | 금 | 토 |
|---|---|---|---|---|---|---|
| 日 | 月 | 火 | 水 | 木 | 金 | 土 |
|   |   |   | 1 | 2 | 3 | 4 |
| 5 | 6 | 7 | 8 | 9 | 10 | 11 |

◆ 다음 한자(漢字)를 따라 쓰고 뜻과 음(소리)을 써보세요.

| 日 | 月 | 火 | 水 | 木 | 金 | 土 |
|---|---|---|---|---|---|---|
| 해 일 | 달 월 | 불 화 |   |   |   |   |

**2장** 　더 나아가기

◆ 요일 마을에서 되찾은 한자들을 문제로 해결하며 복습해 봅시다.

1. 다음 한자의 뜻과 음을 찾아 바르게 연결하세요.

　　가. 月 •　　　　　　　　　　• 나무 목

　　나. 木 •　　　　　　　　　　• 달 월

　　다. 土 •　　　　　　　　　　• 불 화

　　라. 火 •　　　　　　　　　　• 흙 토

2. 다음 한자의 뜻과 음을 쓰세요.

　　가. 日 (　　　　　)

　　나. 水 (　　　　　)

　　다. 金 (　　　　　)

3. 파란색 한자어의 음(소리)을 쓰세요.

　　가. 아빠의 月급 날이라 온가족이 외식을 했다.　　　　(　　　)급

　　나. 가족들과 함께 수木원에 다녀왔다.　　　　　　　　수(　　　)원

　　다. 소방 훈련에서 소火기 사용법을 배웠다.　　　　　소(　　　)기

　　라. 오늘은 내 생日이라 기분이 좋다.　　　　　　　　생(　　　)

제2장 요일 마을, 하늘 달력을 되찾아라! 37

4. 다음 문장에 어울리는 한자어가 되도록 보기에서 골라 번호를 쓰세요.

<보기>   ① 木   ② 日   ③ 水   ④ 土   ⑤ 月

가. 오늘은 금요일 내일은 (　)요일이다.　　　　　(　　　)
나. 내일은 휴(　)이라 늦잠을 잘 것이다.　　　　　(　　　)
다. 나무로 가구를 만들기 위해 (　)재를 구입했다.　(　　　)
라. (　)영장에서 생존수영 방법을 배웠다.　　　　(　　　)

5. 다음 글을 읽고, '요일'과 관련된 단어를 찾아 밑줄을 긋고, 요일 한자를 쓰세요.

가. 체육 수업이 있는 화요일은 모두가 좋아하는 날이다.　(　　　)
나. 급식에 특별 반찬이 나오는 수요일도 기다려진다.　　(　　　)

6. 다음 글의 빈칸에 알맞은 음(소리)을 쓰세요.

이번 주 火(　)요일부터 木(　)요일까지 학교에 가지 않는 휴일(休　)이다. 우리 가족은 외갓집에 갈 예정이다. 외할머니와 외할아버지께 이번에 글짓기 대회에서 받은 金賞(　상)도 보여드리고 함께 수영장(　泳場)에 가서 수영도 하며 즐겁게 시간을 보낼 것이다.

# 3장

## 뒤섞인 크기 마을, 잃어버린 질서를 찾아라!

# 3장
## 뒤섞인 크기 마을, 잃어버린 질서를 찾아라!

숫자 마을, 요일 마을을 구한 한별이와 한봇은 다시 출발했어요.

이번에 도착한 곳은 큰 문과 작은 집들이 뒤죽박죽 섞인 이상한 마을!

한별이는 눈을 동그랗게 떴어요.

"여긴 모양과 크기 마을이야. 사람, 산, 중심… 중요한 한자들이 다 망가졌어."

"이건 분명 오류 대마왕 짓이야!"

한별이는 주먹을 꽉 쥐었어요.

## 미션 1   사람의 다리를 찾아라!

사람들이 다 사라졌어요!

한봇 : '人'은 다리를 벌린 사람의 모습이야.

한별이가 V자 모양을 그리자, '사람' 한자몬이 튀어나왔어요!

**되찾은 한자**   人 (사람 인)

 →  →    사람 인(人)은 사람이 서있는 옆모습을 보고 만들었어요.

| 人 | 人 | 人 | 人 |
|---|---|---|---|
| 사람 **인** | 사람 인 | 사람 인 | 사람 인 |

---

**1.** 사람 인(人)을 찾아 ○표 하세요.

| 人 | 中 | 小 |
|---|---|---|
| 大 | 門 | 人 |
| 王 | 人 | 大 |
| 中 | 小 | 門 |

**2.** 사람 인(人)이 들어가는 단어들을 알아보고 사람 인(人)을 써보세요.

---

제3장 뒤섞인 크기 마을, 잃어버린 질서를 찾아라!

## 미션2 왕을 되찾아라!

왕좌가 비어 있어요!
한봇 : '王'은 하늘, 땅, 사람을 잇는 줄과 중심선이야.
한별이가 세 줄과 중심선을 그리자, '임금' 한자몬이 나타났어요!

**되찾은 한자** 王 (임금 왕)

임금 왕(王)은 하늘, 땅, 사람을 두루 다스리는 사람이라는 뜻으로 만들어졌어요.

임금 **왕**

임금 왕

임금 왕

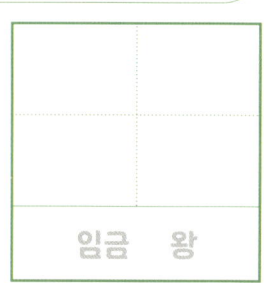
임금 왕

1. 임금 왕(王)의 의미를 생각하며 아래 그림을 색칠하세요.

2. 임금 왕(王)이 들어가는 단어들을 알아보고 임금 왕(王)을 써보세요.

##  산을 일으켜라!

산이 납작하게 눌려 있었어요.
한봇 : '山'은 봉우리 세 개, 가운데가 제일 높아!
한별이가 뾰족한 선을 그리자, '산' 한자몬이 깨어났어요!

되찾은 한자   山 (뫼 산)

 →  →    뫼 산(山)은 산의 옛말인 '뫼, 메'를 보고 만들었어요.

❶ㅣ ❷凵 ❸山

| 山 | 山 | | |
|---|---|---|---|
| 뫼 **산** | 뫼 산 | 뫼 산 | 뫼 산 |

1. 뫼 산(山)을 찾아 초록색으로 색칠하세요.

| 山 | 人 | 王 | 大 | 王 | 大 | 門 | 人 | 門 |
|---|---|---|---|---|---|---|---|---|
| 門 | 門 | 人 | 王 | 中 | 中 | 大 | 中 | 大 |
| 大 | 中 | 大 | 門 | 中 | 大 | 山 | 門 | 人 |
| 人 | 門 | 人 | 中 | 山 | 門 | 王 | 大 | 人 |
| 王 | 門 | 大 | 門 | 人 | 中 | 人 | 大 | 門 |
| 大 | 王 | 大 | 山 | 門 | 大 | 人 | 中 | 大 |
| 大 | 門 | 門 | 王 | 中 | 門 | 山 | 人 | 門 |
| 中 | 山 | 大 | 人 | 中 | 大 | 門 | 王 | 中 |
| 門 | 門 | 人 | 中 | 大 | 山 | 大 | 大 | 王 |
| 人 | 大 | 王 | 中 | 大 | 大 | 中 | 山 | 中 |
| 王 | 中 | 中 | 人 | 王 | 人 | 王 | 門 | 人 |

2. 뫼 산(山)이 들어가는 단어들을 알아보고 뫼 산(山)을 써보세요.

화산
火山
용암이 나오는 산

백두산
白頭山
우리나라 제일의 산

산림
山林
산과 숲

제3장 뒤섞인 크기 마을, 잃어버린 질서를 찾아라!

## 미션4 가장 큰 것을 밝혀라!

큰 조각상들이 작아졌어요!

한봇 : '大'는 팔을 벌린 사람의 모습이야. 크다, 위대하다!

한별이가 팔을 벌린 사람을 그리자, '큰' 한자몬이 나타났어요!

**되찾은 한자**  大 (큰 대)

큰 대(大)는 팔 벌리고 서 있는 사람 모습을 보고 만들었어요.

一 ナ 大

큰 대 / 큰 대 / 큰 대 / 큰 대

---

1. 한별이가 큰 대(大)까지 갈 수 있도록 미로의 길을 그려주세요.

2. 큰 대(大)가 들어가는 단어들을 알아보고 큰 대(大)를 써보세요.

어른 — 대인 大人

큰 상 — 대상 大賞

엄청나게 큼 — 거대 巨大

## 미션5 중심을 잡아라!

저울이 흔들흔들~ 중심이 없어요!

한봇 : '中'은 네모 가운데를 찌르는 선이야.

중심을 딱 잡아줘!

한별이가 수직선을 그리자, '가운데' 한자몬이 나왔어요!

**되찾은 한자** 中 (가운데 중)

 →  →     가운데 중(中)은 과녁의 가운데를 맞춘 것으로 본떠 만들어졌어요.

| 中 | 中 | | |
|---|---|---|---|
| 가운데 중 | 가운데 중 | 가운데 중 | 가운데 중 |

1. 가운데 중(中)의 의미를 생각하며 아래 그림을 색칠하세요.

2. 가운데 중(中)이 들어가는 단어들을 알아보고 가운데 중(中)을 써보세요.

제3장 뒤섞인 크기 마을, 잃어버린 질서를 찾아라!

## 미션6 가장 작은 것을 찾아라!

작은 인형들이 너무 커졌어요!

한봇 : '小'는 새 발자국, 작다는 뜻이야!

한별이가 점 세 개를 톡톡 찍자, '작은' 한자몬이 나왔어요!

**되찾은 한자** 小 (작을 소)

작을 소(小)은 모래에 찍힌 작은 새의 발자국 모양을 보고 만들어졌어요.

❶ ❷ ❸
亅 亅 小

작을 소

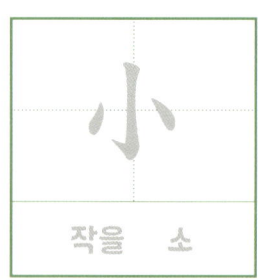
작을 소

작을 소

작을 소

---

1. 작을 소(小)를 찾아 ○표 하세요.

| 人 | 中 | 小 |
|---|---|---|
| 大 | 門 | 人 |
| 王 | 人 | 大 |
| 中 | 小 | 門 |

2. 작을 소(小)가 들어가는 단어들을 알아보고 작을 소(小)를 써보세요.

## 미션7 문을 열어라!

대문이 꽉 닫혀 있어요.
한봇 : '門'은 양쪽 문과 문간을 그린 글자야.
한별이가 문짝과 문간을 그리자, '문' 한자몬이 열쇠를 들고 나왔어요!

**되찾은 한자** 門 (문 문)

문 문(門)은 두 개의 문짝이 있는 문의 모양을 보고 만들었어요.

문 **문**

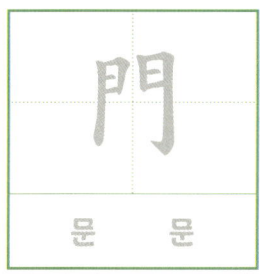
문 문

문 문

문 문

1. 문 문(門)이 있는 칸은 갈색으로, 비어있는 칸은 하늘색으로 색칠하세요.

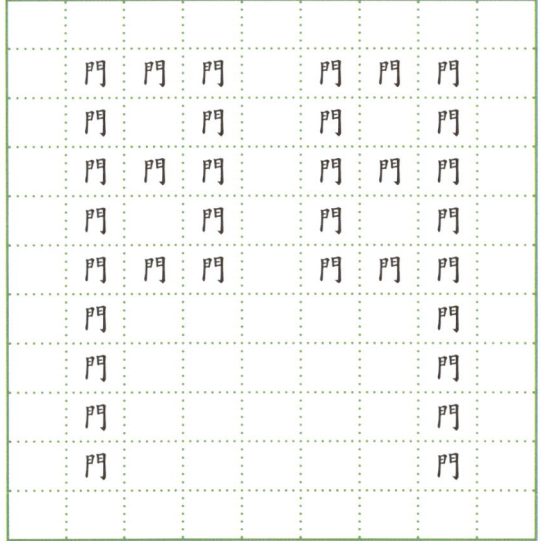

2. 문 문(門)이 들어가는 단어들을 알아보고 문 문(門)을 써보세요.

대문 大門
큰 문

정문 正門
주된 출입문

방문 房門
방으로 들어가는 문

제3장 뒤섞인 크기 마을, 잃어버린 질서를 찾아라!

크기 마을 회복! 일곱 개의 한자가 모두 돌아오자 마을이 반짝!
"한자 하나하나가 세상의 질서를 지키고 있었어!" 한별이는 빙긋 웃으며 말했어요.
"좋아, 이제 다음 마을로 가볼까?"

## 3장 한자 정리하기

◆ 다음 한자(漢字)를 따라 쓰고 **뜻과 음**을 쓰세요.

**3장  더 나아가기**

◆ 크기 마을에서 되찾은 한자들을 문제로 해결하며 복습해 봅시다.

1. 다음 한자의 뜻과 음을 찾아 바르게 연결하세요.

   가. 大 •　　　　　　　　　• 사람 인

   나. 門 •　　　　　　　　　• 작을 소

   다. 人 •　　　　　　　　　• 큰 대

   라. 小 •　　　　　　　　　• 문 문

2. 다음 한자의 뜻과 음을 쓰세요.

   가. 山 (　　　　)

   나. 中 (　　　　)

   다. 王 (　　　　)

3. 파란색 한자어의 음(소리)를 쓰세요.

   가. 엄마가 오늘 교門으로 데리러 오셨다.　　　교(　　　)

   나. 나는 小인이라 놀이공원에서 할인을 받았다.　(　　　)인

   다. 오늘 무대 中앙에 서서 노래를 불렀다.　　(　　　)앙

   라. 우리 가족은 지난 주에 한라山에 다녀왔다.　한라(　　　)

제3장 뒤섞인 크기 마을, 잃어버린 질서를 찾아라!

4. 다음 문장에 어울리는 한자어가 되도록 보기에서 골라 **번호**를 쓰세요.

<보기>　①門　②王　③人　④小　⑤中

가. 세종대(　)은 훌륭한 임금님이다.　　　　　(　　)
나. 나는 자랑스러운 한국(　)이다.　　　　　　(　　)
다. 할머니께서 반갑게 대(　)을 열어주셨다.　(　　)
라. 우리 엄마는 다이어트를 하려고 (　)식을 하신다.　(　　)

5. 다음 글을 읽고, 밑줄 친 말에 해당하는 **한자**를 쓰세요.

가. 유진이는 우리 반에서 키가 제일 큰 친구이다.　(　　)
나. 산에 가면 공기가 맑아서 기분이 좋아진다.　　(　　)

6. 다음 밑줄 친 단어에 해당하는 한자를 찾아 ○표 하세요.

가. 언니가 내일 연예인을 보러 간다.　　　(　人, 小　)
나. 공연 중간에 화장실을 다녀왔다.　　　　(　大, 中　)
다. 학교에서 백두산을 조사하였다.　　　　(　王, 山　)
라. 우주에 외계인이 있는지 궁금하다.　　　(　人, 門　)

## 4장

# 가족 마을, 뒤바뀐 역할을 바로잡아라!

# 4장
# 가족 마을, 뒤바뀐 역할을 바로 잡아라!

숫자 마을과 요일 마을을 구한 한별이와 한봇. 이번엔 가족 마을에 도착했어요. 그런데 마을은 완전히 뒤죽박죽! 아빠가 아기처럼 울고, 동생이 엄마인 척 밥을 차리고 있었어요.

"가족을 나타내는 한자들이 엉켜버렸어. 오류대마왕이 한자들을 망가뜨리고, 한자몬들도 가둬버렸어!"

"그럼 내가 모두 되찾을게!" 한별이는 단단히 마음먹었어요.

## 미션 1  아기를 찾아라!

어른이 아기 침대에서 울고 있어요!
한봇 : '子'는 아기가 머리를 들고 팔을 벌린 모습이야.
한별이가 둥근 머리와 두 팔을 그리자, '아들' 한자몬이 깡총 뛰어나왔어요!

**되찾은 한자**  子 (아들 자)

아들 자(子)는 어린 아이가 두 팔을 벌리고 있는 모습을 보고 만들었어요.

| 子 | 子 | | |
|---|---|---|---|
| 아들 **자** | 아들 자 | 아들 자 | 아들 자 |

1. 아들 자(子)를 찾아 ○표 하세요.

| 子 | 女 | 兄 |
|---|---|---|
| 母 | 弟 | 子 |
| 女 | 母 | 女 |
| 子 | 兄 | 弟 |
| 女 | 弟 | 子 |

2. 아들 자(子)가 들어가는 단어들을 알아보고 아들 자(子)를 쓰세요.

| 자녀 | 왕자 |
|---|---|
| 자녀 | 왕자 |
| 子女 | 王子 |
| 자녀 | 왕자 |
| 子女 | 王子 |

제4장 가족 마을, 뒤바뀐 역할을 바로잡아라!

## 미션2  여자를 구하라!

수염 난 사람이 여자인 척하고 있어요!

한봇 : '女'는 무릎을 꿇고 앉은 여자의 모습이야. 부드럽고 조용한 마음을 뜻하지.

한별이가 곡선으로 부드러운 선을 그리자, '여자' 한자몬이 수줍게 나타났어요.

**되찾은 한자**  女 (여자 여)

여자 여(女)는 손을 모으고 무릎을 꿇은 여자의 모습을 보고 만들었어요.

ㄑ 夂 女

 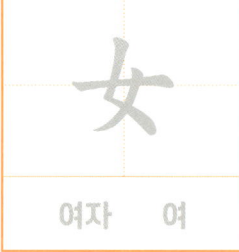  

1. 여자 여(女)의 의미를 생각하며 그림을 색칠하세요.

2. 여자 여(女)가 들어가는 단어들을 알아보고 여자 여(女)를 쓰세요.

| 여학생 | 효녀 |
|---|---|
| 여학생<br>女 學 生 | 효녀<br>孝 女 |
| 여학생<br>女 學 生 | 효녀<br>孝 女 |

 ## 형을 되돌려라!

동생이 형을 못 알아보고 싸우고 있어요!
한봇 : '兄'은 말하며 앞서가는 사람 모습이야. 집안에서 제일 큰 형이라는 의미를 담고 있어.
한별이가 다리와 입 모양을 그리자, '형' 한자몬이 환하게 웃으며 나왔어요!

**되찾은 한자** 兄 (형 형)

형 형(兄)은 첫째 아들의 머리를 강조해서 만들었어요.

兄 — 형 형

1. 형 형(兄) 한자를 찾아 색칠하세요.

| 兄 | 女 | 子 | 女 | 母 |
|---|---|---|---|---|
| 子 | 弟 | 兄 | 弟 | 女 |
| 女 | 子 | 女 | 兄 | 子 |
| 弟 | 母 | 弟 | 子 | 弟 |
| 子 | 女 | 母 | 女 | 母 |
| 兄 | 子 | 兄 | 弟 | 兄 |

2. 형 형(兄)이 들어가는 단어들을 알아보고 형 형(兄)을 써보세요.

| 형제 | 형수(형의 아내) |
|---|---|
| 형제 兄弟 | 형수 兄嫂 |
| 형제 兄弟 | 형수 兄嫂 |

제4장 가족 마을, 뒤바뀐 역할을 바로잡아라!

## 미션4 동생을 찾아라!

형과 함께 놀던 동생이 사라졌어요. 사랑스러운 동생을 찾아주세요.

한봇 : '弟'는 활을 들고 가죽을 위에서 아래로 감아 내려가는 모습을 본뜬 글자야.

한별이가 작고 예쁘게 선을 그리자, '아우' 한자몬이 고개를 끄덕이며 나왔어요.

**되찾은 한자** 弟 (아우 제)

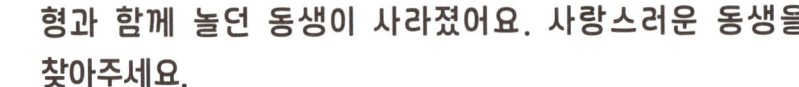

아우 제(弟)는 활을 들고 위에서 아래로 감아 내려가는 모습을 본 떠 만들었어요.

①、②丶③⺌④⺌⑤⺌⑥弟⑦弟

| 弟 | 弟 | | |
|---|---|---|---|
| 아우 **제** | 아우 제 | 아우 제 | 아우 제 |

---

1. 아우 제(弟)를 모두 찾아 ○표 하고, 몇 개인지 쓰세요.

아우 제(弟): (　　)개

2. 아우 제(弟)가 들어가는 단어들을 알아보고 아우 제(弟)를 쓰세요.

| 수제자 | 자 제 (남의 집 자식을 높여 이르는말) |
|---|---|
| 수제자<br>首弟子 | 자 제<br>子弟 |
| 수제자<br>首弟子 | 자 제<br>子弟 |

 **아빠를 되돌려라!**

아빠가 망치를 들지 못해요! 너무 작고 약해요. 아무리 봐도 어른이 아니라 어린 아이예요.

한봇 : '父'는 도끼를 든 사람의 모습이야. 가족을 지키는 힘을 상징해.

한별이가 뾰족한 도끼 모양을 그리자, '아빠' 한자몬이 힘차게 나타났어요! 아빠가 나타나자 아이들이 모두 환호성을 질렀어요.

**되찾은 한자** 父 (아비 부)

아비 부(父)는 오른손과 회초리를 보고 만들었어요.

| 父 | 父 | | |
|---|---|---|---|
| 아비 부 | 아비 부 | 아비 부 | 아비 부 |

1. 한별이가 아비 부(父)를 찾을 수 있도록 미로를 탈출하세요.

2. 아비 부(父)가 들어가는 단어들을 알아보고 아비 부(父)를 쓰세요.

| 부자 | 가부장 |
|---|---|
| 부자 父子 | 가부장 家父長 |
| 부자 父子 | 가부장 家父長 |

제4장 가족 마을, 뒤바뀐 역할을 바로잡아라!

## 미션 6  엄마를 되돌려라!

엄마가 없어서 아이들이 외로워해요.
한봇 : '母'는 두 눈으로 아이를 바라보며 따뜻하게 안아주는 모습이야. 돌봄과 마음을 나누는 사랑의 글자야. 한별이가 둥근 눈과 부드럽게 감싸는 팔 모양을 그리며 "마음을 품는 따뜻한 힘! '母!'" 라고 외치자 '엄마' 한자몬이 나타났어요.

**되찾은 한자**  母 (어미 모)

어미 모(母)는 젖을 먹이는 어머니를 보고 만들었어요.

ㄥ ㄅ 口 母 母

어미 **모**

어미 모

어미 모

어미 모

1. 어미 모(母)의 의미를 생각하며 그림을 색칠하세요.

2. 어미 모(母)가 들어가는 단어들을 알아보고 어미 모(母)를 쓰세요.

| 조부모 | 모교 |
|---|---|
| 조부모 | 모교 |
| 祖父母 | 母校 |
| 조부모 | 모교 |
| 祖父母 | 母校 |

58  신나는 한자 대모험

가족 마을 회복! '아들', '여자', '형', '아우', '아빠', '엄마' 한자몬이 제자리를 찾자 마을에 다시 웃음꽃이 피었어요. "가족은 모습도 다르고 역할도 다르지만, 서로 이어주는 특별한 한자야." 한봇도 고개를 끄덕였어요.
"이제… 다음 마을로 가볼까?"

**4장  한자 정리하기**

◆ 다음 한자를 따라 쓰고 <u>뜻과 음</u>을 쓰세요.

| 子 | 女 | 兄 |
|---|---|---|
| 아들 자 | 여자 여 | 형 형 |
| 弟 | 父 | 母 |
| 아우 제 | 아비 부 | 어미 모 |

제4장 가족 마을, 뒤바뀐 역할을 바로잡아라!

**4장** 　**더 나아가기**

◆ 가족 마을에서 되찾은 한자들을 문제로 해결하며 복습해 봅시다.

1. 다음 한자의 뜻과 음을 찾아 바르게 연결하세요.

　　가. 父 •　　　　　　　　• 어미 모

　　나. 母 •　　　　　　　　• 아비 부

　　다. 子 •　　　　　　　　• 아들 자

　　라. 女 •　　　　　　　　• 여자 여


2. 다음 한자의 뜻과 음을 쓰세요.

　　가. 兄 (　　　　)

　　나. 弟 (　　　　)

　　다. 父 (　　　　)


3. 파란색 한자어의 음(소리)을 쓰세요.

　　가. 子녀는 부모의 말투를 닮는다.　　　　　　(　　)녀

　　나. 형弟는 하늘이 내려주신 친구이다.　　　　형(　　)

　　다. 우리 반 그 女학생이 발표를 잘했다.　　　(　　)학생

　　라. 父母님이 살아 계실 때 효도해야한다.　　(　　)님

4. 다음 <보기>에서 밑줄친 단어에 알맞은 한자를 찾아 번호를 쓰세요.

<보기>   ① 父     ② 母     ③ 子     ④ 女

가. 나는 여자중학교에 다녀요.                    (        )
나. 우리 부자지간은 매우 사이가 좋아요.           (        )
다. 이 동화책은 자녀교육에 좋아요.               (        )
라. 학교 학부모회에서 바자회를 열어요.            (        )

5. 다음 글을 읽고, '가족'과 관련된 단어를 찾아 밑줄을 긋고, 알맞은 한자를 쓰세요.

가. 우리 아버지는 운동을 좋아하신다.              (        )
나. 나는 형이 둘 있다.                          (        )

6. 다음 밑줄 친 단어에 해당하는 한자를 찾아 ○표 하세요.

가. 우리 집 요리는 어머니의 정성으로 가득하다.     ( 母, 女 )
나. 이번 주말에는 형제들과 함께 여행을 간다.       ( 兄, 父 )
다. 어린 시절 나는 항상 동생과 놀았다.            ( 弟, 子 )
라. 선생님께서는 자녀교육의 중요성을 강조하셨다.   ( 子, 父 )

디지털 시대, 한자가 곧 문해력!
# 신나는 漢字 대모험

# 5장
## 방향 마을, 뒤바뀐 나침반을 고쳐라!

숫자, 요일, 크기, 가족 마을을 구한 한별이와 한봇. 이번엔 '방향 마을'에 도착했어요. 그런데 이상해요! 북쪽이라고 쓰인 문을 열었더니, 뜨거운 태양이 내리쬐고 있었어요!

"이 마을은 방향을 나타내는 한자들이 전부 사라졌어. 오류 대마왕이 방향을 뒤죽박죽으로 만들었지."

"그럼, 내가 다시 고칠게!" 한별이는 나침반을 꼭 쥐었어요.

## 미션 1  중심을 찾아라!

방향이 다 엉켜서 기준이 없어졌어요!

한봇 : '寸'은 손끝에서 맥박이 뛰는 곳까지의 길이, 기준이 되는 한자야.

한별이가 짧은 선에 점을 콕 찍자, '마디' 한자몬이 중심에 서서 외쳤어요!

**되찾은 한자**  寸 (마디 촌)

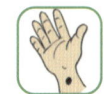 →  →

마디 촌(寸)은 손끝에서 맥박이 뛰는 곳까지의 길이라는 뜻이에요.

|  |  |  |  |
|---|---|---|---|
| 마디 촌 | 마디 촌 | 마디 촌 | 마디 촌 |

1. 그림에서 마디 촌(寸)을 찾아 ○표 하세요.

2. 마디 촌(寸)이 들어가는 단어들을 알아보고 마디 촌(寸)을 써보세요.

## 미션2  해가 뜨는 쪽을 밝혀라!

해가 떠야 동쪽인데, 계속 어두워요! 아침은 어느 쪽에서 오나요?
한봇 : '東'은 나무(木) 사이로 해(日)가 떠오르는 모습이야.
하루의 시작, 동쪽이지.
한별이가 해와 나무를 그리자, '동쪽' 한자몬이 반짝 떠올랐어요!

**되찾은 한자**  東 (동쪽 동)

동쪽 동(東)은 나무 사이로 해가 떠오르는 모습이에요.

一 丆 굿 쿠 䒑 申 東 東

  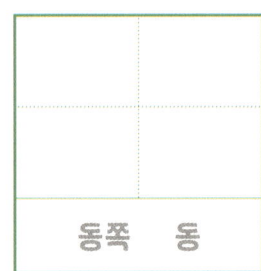 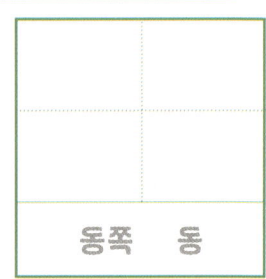

1. 동쪽 동(東)의 의미를 생각하며 한자를 색칠하세요.

2. 동쪽 동(東)이 들어가는 단어들을 알아보고 동쪽 동(東)을 써보세요.

## 미션3 해지는 곳을 되찾아라!

해가 지지 않아서 밤이 오지 않아요! 잠을 잘 수 없어요.
한봇 : '西'는 새장 안으로 해가 지는 모습이야. 하루의 끝, 서쪽이지.
한별이가 작은 창살 같은 모양을 그리자, '서쪽' 한자몬이 붉게 빛났어요!

**되찾은 한자** 西 (서쪽 서)

 →  → 西   서쪽 서(西)는 해가 지는 모습이에요.

一 丆 丙 丙 西 西

| 西 | 西 | | |
|---|---|---|---|
| 서쪽 **서** | 서쪽 서 | 서쪽 서 | 서쪽 서 |

1. 서쪽 서(西)를 찾아 ○표 하세요.

2. 서쪽 서(西)가 들어가는 단어들을 알아보고 서쪽 서(西)를 써보세요.

제5장 방향 마을, 뒤바뀐 나침반을 고쳐라!

## 미션4 따뜻한 남쪽을 되살려라!

바람이 너무 차가워요! 따뜻한 방향이 사라졌어요! 이러다 모두 얼어붙을 거예요.

한봇 : '南'은 옛날 남쪽 사람이 썼던 악기를 달아맨 모양이야. 한별이가 햇살 모양을 그리자, '남쪽' 한자몬이 따뜻한 바람을 일으켰어요!

**되찾은 한자**  南 (남쪽 남)

 →  →   남쪽 남(南)은 남쪽 사람이 썼던 악기 모양이에요.

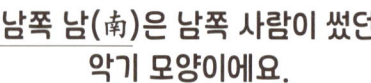

| 南 | 南 | | | |
|---|---|---|---|---|
| 남쪽 **남** | 남쪽 남 | 남쪽 남 | 남쪽 남 |

1. 남쪽 남(南)의 의미를 생각하며 한자를 색칠하세요.

2. 남쪽 남(南)이 들어가는 단어들을 알아보고 남쪽 남(南)을 써보세요.

## 미션5 북풍을 멈춰라!

찬바람이 사방으로 몰아쳐서 모두 길을 못 찾아요!
한봇 : '北'은 서로 등을 맞댄 두 사람이야. 등을 지면 찬바람이 불지!
한별이가 두 사람이 등을 맞댄 모양을 그리자, '북쪽' 한자몬이 찬 바람을 막았어요!

**되찾은 한자** 　 北 (북쪽 북)

 →  → 　북쪽 북(北)은 두 사람이 등을 맞댄 모양이에요.

| 北 | 北 | | |
|---|---|---|---|
| 북쪽 북 | 북쪽 북 | 북쪽 북 | 북쪽 북 |

---

1. 북쪽 북(北)을 찾아 **빨간색**으로 색칠하세요.

| 東 | 南 | 金 | 三 | 寸 | 四 | 火 | 水 | 木 |
|---|---|---|---|---|---|---|---|---|
| 日 | 月 | 北 | 四 | 東 | 北 | 寸 | 木 | 火 |
| 水 | 火 | 北 | 日 | 南 | 北 | 水 | 火 | 水 |
| 西 | 六 | 北 | 月 | 日 | 北 | 木 | 土 | 東 |
| 北 | 北 | 北 | 南 | 月 | 北 | 北 | 北 | 西 |
| 寸 | 六 | 北 | 日 | 水 | 北 | 西 | 東 | 南 |
| 土 | 日 | 北 | 火 | 一 | 北 | 南 | 二 | 西 |
| 北 | 北 | 北 | 十 | 三 | 北 | 火 | 三 | 日 |
| 月 | 火 | 北 | 七 | 七 | 木 | 火 | 火 | 二 |
| 火 | 九 | 北 | 十 | 火 | 北 | 北 | 北 | 火 |
| 木 | 日 | 二 | 西 | 東 | 西 | 寸 | 四 | 月 |

2. 북쪽 북(北)이 들어가는 단어들을 알아보고 북쪽 북(北)을 써보세요.

 지구의 가장 북쪽 　 북극　北極

 중국의 수도 　 북경　北京

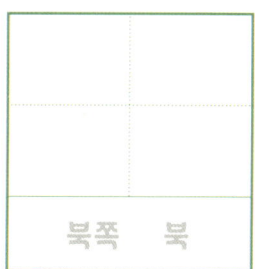 북쪽 하늘에 있는 일곱 개의 별 　 북두칠성　北斗七星

방향 마을 회복!
중심이 되는 '寸'을 기준으로 '동쪽', '서쪽', '남쪽', '북쪽'
한자들이 모두 제자리를 찾자, 하늘에 커다란 나침반이 떠올랐어요!
"방향은 우리가 어디로 가야 하는지를 알려주는 약속이야."
한별이는 활짝 웃으며 말했어요.
"이제 다음 마을로 출발!"

### 5장 한자 정리하기

◆ 다음 한자(漢字)를 따라 쓰고 뜻과 음을 쓰세요.

| 寸 | 東 | 西 | 南 | 北 |
|---|---|---|---|---|
| 마디 촌 | 동쪽 동 | 서쪽 서 | 남쪽 남 | 북쪽 북 |

### 5장  더 나아가기

◆ 방향 마을에서 되찾은 한자들을 문제로 해결하며 복습해 봅시다.

1. 다음 한자의 뜻과 음을 찾아 바르게 연결하세요.

   가. 南 •                    • 동쪽 동
   나. 西 •                    • 마디 촌
   다. 寸 •                    • 남쪽 남
   라. 東 •                    • 서쪽 서

2. 다음 한자의 뜻과 음을 쓰세요.

   가. 南 (          )
   나. 北 (          )
   다. 東 (          )

3. 파란색 한자어의 음(소리)을 쓰세요.

   가. 서울에는 南산이 우뚝 솟아있어요.         (     )산
   나. 엄마와 함께 東해의 일출을 보고 왔어요.    (     )해
   다. 추석에 사寸 형들과 놀이 동산에 갔어요.   사(     )
   라. 밤 하늘에 北두칠성이 또렷하게 보였어요.   (     )두칠성

4. 다음 문장에 어울리는 한자어가 되도록 보기에서 골라 번호를 쓰세요.

<보기>   ① 南   ② 西   ③ 北   ④ 寸   ⑤ 東

가. (　)양 사람들은 포크와 나이프로 밥을 먹어요.　(　　)
나. 우리집은 (　)향이라 햇빛이 따뜻하게 들어요.　(　　)
다. 삼(　)이 사 주신 장난감이 정말 마음에 들었어요.　(　　)
라. 중국의 수도인 (　)경에 여행을 갔어요.　(　　)

5. 다음 글을 읽고, '방향'과 관련된 한자어를 찾아 밑줄을 긋고, 방향 한자를 쓰세요.

가. 햇살 가득한 날 남쪽 창문으로 따뜻한 빛이 들어왔어요. (　　)
나. 북쪽 바람이 불어서 조금 추웠어요.　(　　)

6. 다음 밑줄 친 단어에 해당하는 한자를 찾아 ○표 하세요.

가. 우리 반은 소풍 때 동대문에 있는 역사 박물관에 갔어요. (　西, 東　)
나. 추운 겨울에 남국으로 여행을 가요.　(　南, 北　)
다. 시원한 서풍이 이마의 땀을 닦아 주는 듯 해요.　(　西, 南　)
라. 북극에는 눈과 얼음이 가득해요.　(　東, 北　)

#  빛과 시간의 탑 잃어버린 약속

한별이와 친구들은 이번엔 '빛의 탑 마을'에 도착했어요.

하늘 끝까지 솟은 시간탑 꼭대기가 갑자기 사라졌죠.

한봇은 오류 대마왕이 다섯 개의 핵심 한자를 빼앗아갔다고 말했어요.

한봇은 탑이 무너지면 시간과 색이 사라진다고 눈물지었어요.

한별이 단호히 외쳤어요.

"내가 꼭 되찾아줄게!"

## 미션 1 태양을 찾아라!

창문이 뿌옇게 흐려져서 아무것도 보이지 않아요!
한봇 : '白'은 하얀 빛, 밝은 공간이야. 예전엔
'햇빛이 들어오는 틈' 또는 '하얀 이'에서 유래됐지.
한별이는 동그란 빛 모양과 틈을 표현하며 외쳤어요.
맑고 깨끗한 마음, 빛의 시작! '白'

**복구한 한자** 白 (흰 백)

흰 백(白)은 햇빛이 위를 향하여 비추는 모양을 보고 만들었어요.

| 흰 백 | 흰 백 | 흰 백 | 흰 백 |

1. 흰 백(白)을 찾아 ○표 하세요.

| 白 | 六 | 七 |
|---|---|---|
| 口 | 日 | 田 |
| 月 | 人 | 木 |
| 日 | 軍 | 田 |

2. 흰 백(白)이 들어가는 단어들을 알아보고 흰 백(白)을 써보세요.

| 흰색 흙 | 백토 白土 |
| 백인 | 백인 白人 |
| 백군 | 백군 白軍 |

##  푸른 용기를 되찾아라!

물이 얼어서 아무도 못 움직여요. 숨도 막혀요…

한봇 : '靑'은 흙 위에 올라온 새싹이 푸르다에서 유래했어.
맑고 깊은 생명의 색이지. 진짜 푸름은 용기에서 나와.
한별이는 푸른 풀과 맑은 물을 그리듯 선을 겹쳤어요.
두려움을 녹이는 푸른 마음! '靑'

**되찾은 한자**  靑 (푸를 청)

푸를 청(靑)은 새싹의 빛이 푸르다에서 만들었어요.

| 靑 | 靑 | | |
|---|---|---|---|
| 푸를 청 | 푸를 청 | 푸를 청 | 푸를 청 |

1. 푸를 청(靑)의 의미를 생각하며 아래 그림을 색칠하세요.

2. 푸를 청(靑)이 들어가는 단어들을 알아보고 푸를 청(靑)을 써보세요.

| | | 청 산 |
|---|---|---|
|  푸른 산 | | 靑 山 |
|  푸른 물 | | 청 수  靑 水 |
|  푸른 나무 | | 청 목  靑 木 |

## 미션3 군대를 모아라!

마을을 지키던 병사들이 전부 사라졌어요!
한봇 : '軍'은 수레(車) 안에 무기를 넣고 움직이던 모습이야.
함께 움직이는 무리가 바로 군대야.
한별이는 수레를 그리고 그 안에 방패 모양을 넣으며 말했어요.
함께 지키는 힘! '軍'

**되찾은 한자**  軍 (군사 군)

軍 → 軍 → 軍

군사 군(軍)은 차를 둘러싸고(冖) 싸우는 '군사, 군인, 군대'를 보고 만들었어요.

軍 軍 軍 軍 軍 軍 軍 軍 軍

| 軍 | 軍 | | |
|---|---|---|---|
| 군사 군 | 군사 군 | 군사 군 | 군사 군 |

---

1. 군사 군(軍)을 찾아 **빨간색**으로 색칠하세요.

| 五 | 青 | 五 | 九 | 十 | 四 | 月 | 三 | 青 |
|---|---|---|---|---|---|---|---|---|
| 水 | 日 | 軍 | 九 | 火 | 木 | 六 | 青 | 火 |
| 木 | 火 | 月 | 水 | 火 | 日 | 三 | 火 | 五 |
| 七 | 六 | 火 | 二 | 火 | 日 | 火 | 木 | 九 |
| 月 | 七 | 月 | 軍 | 火 | 十 | 軍 | 九 | 青 |
| 六 | 六 | 五 | 日 | 火 | 五 | 木 | 月 | 九 |
| 軍 | 日 | 七 | 火 | 木 | 火 | 四 | 五 | 四 |
| 五 | 四 | 火 | 十 | 五 | 三 | 火 | 軍 | 五 |
| 軍 | 火 | 水 | 七 | 五 | 青 | 九 | 火 | 青 |
| 火 | 九 | 日 | 十 | 六 | 月 | 木 | 二 | 火 |
| 四 | 日 | 四 | 五 | 軍 | 十 | 青 | 四 | 六 |

2. 군사 군(軍)이 들어가는 단어들을 알아보고 군사 군(軍)을 써보세요.

| 씩씩한 군인 | 군인<br>軍人 |
|---|---|
| 여자 군인 | 여군<br>女軍 |
| 육해공 | 삼군<br>三軍 |

### 미션4 만 개의 약속을 되살려라!

모든 마을을 연결하는 무지개 다리가 끊겼어요!
한봇: '萬'은 원래 전갈의 모양에서 왔지만, 지금은 '아주 많다'는 뜻을 가지게 되었어.
한별이가 전갈 다리 모양을 그리자, '만' 한자몬이 다리를 환하게 이어 주었어요!

**되찾은 한자** 萬 (일만 만)

일만 만(萬)은 전갈 모양에서 시작되었지만 만가지를 뜻하게 되었어요.

①一 ②十 ③卄 ④艹 ⑤节 ⑥昔 ⑦苗 ⑧苗 ⑨莴 ⑩萬 ⑪萬 ⑫萬

| 萬 | 萬 | | |
|---|---|---|---|
| 일만 **만** | 일만 만 | 일만 만 | 일만 만 |

1. 일만 만(萬)을 모두 찾아 ○표시하고, 몇 개인지 쓰세요. (　　)개

2. 일만 만(萬)이 들어가는 단어들을 알아보고 일만 만(萬)을 써보세요.

| | | |
|---|---|---|
|  많은 사람 | 만 인<br>萬 人 | |
| 많은 돈 | 만 금<br>萬 金 | |
| 천 만 | 천 만<br>千 萬 | |

##  시간을 이어라!

시간이 멈췄어요! 새해가 오지 않아요…
한봇 : '年'은 곡식을 낫으로 거두는 모습이야.
해마다 돌아오는 순환을 뜻해. '한 해'를 기억하는 건 곡식과 시간의 흐름이지. 한별이는 낫과 곡식의 움직임을 조심스레 그렸어요.
한 해의 시작! '年'

**되찾은 한자** 年 (해 년)

 →  →   해 년(年)은 곡식을 낫으로 거두는 모습을 보고 만들었어요.

① ② ③ ④ ⑤ ⑥ 年

| 年 (해 년) | 年 (해 년) | (해 년) | (해 년) |

1. 해 년(年)의 의미를 생각하며 아래 그림을 색칠하세요.

2. 해 년(年)이 들어가는 단어들을 알아보고 해 년(年)을 써보세요.

| 몸과 마음이 성장중인 사람 | 청년<br>青 年 |
| 한해 동안 | 연 중<br>年 中 |
| 봄, 여름, 가을, 겨울 | 일 년<br>一 年 |

제6장 빛과 시간의 탑-잃어버린 약속  79

빛의 탑 완성!
다섯 개의 핵심 한자가 복구되자 푸른 기운이 마을 전체를 감쌌고,
군대는 다시 자리로 돌아왔어요.
"이 다섯 글자는 마음과 세상, 그리고 시간이 담긴 한자야."
한봇이 말했어요.
"이제 또 어떤 모험이 기다리고 있을까…"

### 6장 한자 정리하기

◆ 다음 한자(漢字)를 따라 쓰고 <u>뜻과 음</u>을 쓰세요.

| 白 | 靑 | 軍 | 萬 | 年 |
|---|---|---|---|---|
| 흰 백 | 푸를 청 | 군사 군 | 일만 만 | 해 년 |

## 6장 더 나아가기

◆ 완성된 빛의 탑 한자들을 문제로 해결하며 복습해 봅시다.

1. 다음 한자의 뜻과 음을 찾아 바르게 연결하세요.

　　가. 青 •　　　　　　　　　　• 푸를 청

　　나. 軍 •　　　　　　　　　　• 해 년

　　다. 白 •　　　　　　　　　　• 군사 군

　　라. 年 •　　　　　　　　　　• 흰 백

2. 다음 한자의 뜻과 음을 쓰세요.

　　가. 白 (　　　　　)

　　나. 年 (　　　　　)

　　다. 萬 (　　　　　)

3. 파란색 한자어의 음(소리)을 쓰세요.

　　가. 오늘은 白의를 입고 온 사람이 모였다.　　　(　　　)의

　　나. 軍인들이 나라를 지키기 위해 훈련을 받고 있다.　　(　　　)인

　　다. 하늘은 맑고 青명하여 기분이 상쾌하다.　　　(　　　)명

　　라. 일年동안 수고 많았습니다.　　　　　　　　　일(　　　)

4. 다음 <보기>에서 밑줄친 단어에 알맞은 한자를 찾아 번호를 쓰세요.

> <보기>　①年　　②軍　　③靑　　④白　　⑤萬

가. 오늘은 구름 한 점 없는 (　)색 하늘이 예뻤다.　　(　　　)

나. 아빠는 나라를 지키는 (　)인이야.　　　　　　　(　　　)

다. 나는 설날에 (　)원을 세뱃돈으로 받았어.　　　　(　　　)

라. 눈이 와서 온 세상이 (　)색으로 변했어.　　　　(　　　)

5. 다음 문장에서 '군대'와 '푸른' 단어를 찾아 밑줄을 긋고, 각각에 알맞은 한자를 쓰세요.

가. 우리 할아버지는 군대에서 나라를 지켰다.　　　(　　　)

나. 푸른 하늘을 보면 우리의 마음은 편안하다.　　　(　　　)

6. 다음 글의 빈칸에 알맞은 음(소리)을 쓰세요.

> 이번 주에는 靑少年(청소　) 수련회가 있어서 친구들과 함께 자연 속으로 떠난다. 거기서 우리는 白雲(　운)이 떠 있는 푸른 하늘 아래서 텐트를 치고, 軍人(　인) 아저씨들과 함께 체험활동도 한다.

# 7장

## 배움의 언덕, 사라진 선생님을 찾아라!

# 7장
## 배움의 언덕, 사라진 선생님을 찾아라!

숫자, 요일, 크기, 가족, 방향 마을을 구한 한별이와 한봇.

이번엔 한적한 '배움의 언덕'에 도착했어요. 그런데 너무 조용했어요.

아이도, 선생님도, 아무도 보이지 않았어요.

"원래 이 곳은 함께 배우고 자라는 마을이야. 그런데 오류대마왕이 한자들을 섞어버렸어."

"그럼 내가 하나씩 되돌릴게!"

한별이는 굳은 표정으로 연필을 들었어요.

## 미션 1  누가 먼저일까?

달리기 시합인데 누가 먼저인지 몰라요!
한봇 : '先'은 먼저 가는 사람의 발(止)과 다리(儿)가 앞으로 나와있는 모양이야. 앞장서서 이끄는 리더를 뜻하지.
한별이가 발과 다리를 조합하자,
'먼저' 한자몬이 앞으로 달려나왔어요!

**되찾은 한자**   先 (먼저 선)

止 + 儿 = 先

먼저 선(先)은 발이 먼저 나온 모습을 보고 만들었어요.

¹ノ ²ㄥ ³ㅏ ⁴牛 ⁵牛 ⁶先

| 先 | 先 | | |
|---|---|---|---|
| 먼저 선 | 먼저 선 | 먼저 선 | 먼저 선 |

---

1. 먼저 선(先)을 찾아 ○표 하세요.

| 先 | 先 | 先 |
|---|---|---|
| 學 | 交 | 先 |
| 生 | 學 | 先 |
| 長 | 交 | 生 |

2. 먼저 선(先)이 들어가는 단어들을 알아보고 먼저 선(先)을 써보세요.

학생을 가르치는 사람
선 생
先 生

어떤 일에 앞서서
우 선
于 先

태어날 때부터 가지고 있음
선 천
先 天

제7장 배움의 언덕, 사라진 선생님을 찾아라!

## 미션2 생명을 깨워라!

씨앗을 심었는데도 싹이 안 나요!
한봇 : '生'은 땅에서 식물이 쑥 솟아나는 모양이야.
살아 있는 것의 시작이지.
한별이가 새싹 모양을 그리자,
'생' 한자몬이 초록빛으로 웃었어요!

**되찾은 한자** 生 (날 생)

 →  →

날 생(生)은 흙에서 풀이 싹트는 모습을 보고 만들었어요.

| 生 | 生 | | |
|---|---|---|---|
| 날 **생** | 날 생 | 날 생 | 날 생 |

1. 날 생(生)의 의미를 생각하며 새싹은 초록색, 땅은 갈색으로 색칠하세요.

2. 날 생(生)이 들어가는 단어들을 알아보고 날 생(生)을 써보세요.

| | 인생<br>人 生 |
|---|---|
| 사람이 세상에 살아있는 기간 | |
| | 생일<br>生 日 |
| 태어난 날 | |
| | 발생<br>發 生 |
| 어떤 일이 생김 | |

86 신나는 한자 대모험

## 미션3 책을 펼쳐라!

책이 말을 안 해요. 글자가 전부 사라졌어요!
한봇 : '學'은 아이들이 책상에 앉아 책을 들고 반복해서 익힌다는 뜻이야. 그래서 배움은 반복해서 쌓이는 거지.
한별이가 책상에 앉은 학생 모양을 그리자, '배움' 한자몬이 책을 펼쳤어요!

**되찾은 한자**　學 (배울 학)

배울 학(學)은 책상에서 공부하는 아이를 보고 만들었어요.

 배울 학　 배울 학　 배울 학　 배울 학

1. 배울 학(學)을 찾아 ○표 하세요.

| 校 | 學 | 先 |
|---|---|---|
| 學 | 先 | 學 |
| 生 | 學 | 校 |
| 長 | 學 | 生 |

2. 배울 학(學)이 들어가는 단어들을 알아보고 배울 학(學)을 써보세요.

공부하는 사람　학생　學生

학교에 들어감　입학　入學

1학기, 2학기　학기　學期

제7장 배움의 언덕, 사라진 선생님을 찾아라!

## 미션4  학교를 열어라!

학교 문이 잠겨 있어요! 모두 들어가지 못해요.
한봇 : '校'는 나무(木) 아래에서 서로(交) 배우는 모습이야. 학교는 함께 배우는 공간이야.
한별이가 나무와 서로 손잡은 모양을 그리자, '학교' 한자몬이 종을 울렸어요!

**되찾은 한자**  校 (학교 교)

木 + 交 = 校

학교 교(校)는 나무 아래에서 함께 배우는 학생들의 모습을 보고 만들었어요.

1. 학교 교(校)의 의미를 생각하며 아래 그림을 색칠하세요.

2. 학교 교(校)가 들어가는 단어들을 알아보고 학교 교(校)를 써보세요.

## 미션5 선생님을 찾아라!

학교에 우리를 도와줄 어른이 아무도 안 계세요.
한봇 : '長'은 머리카락이 길고 앞서 가는 모습이야.
우리를 이끄는 어른, 바로 선생님이지.
한별이가 길게 뻗은 선을 그리자,
'어른' 한자몬이 환하게 등장했어요!

**되찾은 한자** 長 (길 장, 어른 장)

어른 장(長)은 지팡이를 짚고 선 노인을 보고 만들었어요.

① 一 ② 亻 ③ 𠂉 ④ 𠂉 ⑤ 上 ⑥ 토 ⑦ 長 ⑧ 長

| 長 | 長 | 長 | 長 |
|---|---|---|---|
| 길 장, 어른 장 | 길 장, 어른 장 | 길 장, 어른 장 | 길 장, 어른 장 |

---

1. 어른 장(長)을 찾아 **빨간색**으로 색칠하세요.

| 校 | 長 | 長 | 長 | 長 | 長 | 先 | 長 | 學 |
|---|---|---|---|---|---|---|---|---|
| 校 | 學 | 學 | 長 | 先 | 先 | 先 | 長 | 學 |
| 校 | 學 | 長 | 生 | 長 | 先 | 先 | 長 | 長 |
| 校 | 長 | 生 | 生 | 生 | 長 | 先 | 長 | 生 |
| 校 | 校 | 校 | 校 | 校 | 校 | 先 | 長 | 生 |
| 先 | 先 | 先 | 長 | 長 | 長 | 先 | 生 | 生 |
| 先 | 先 | 長 | 長 | 學 | 長 | 長 | 生 | 生 |
| 學 | 學 | 學 | 長 | 長 | 長 | 學 | 學 | 學 |

2. 어른 장(長)이 들어가는 단어들을 알아보고 어른 장(長)을 써보세요.

| 그림 | 단어 |
|---|---|
| 학교에서 가장 높은 선생님 | 교장 校長 |
| 오래 삶 | 장수 長壽 |
| 긴 글 | 장문 長文 |

배움의 언덕 회복!
한자몬 '먼저', '삶', '배움', '학교', '어른'이 모두 돌아오자 학교 문이 열리고 아이들 웃음소리가 퍼졌어요!
"배운다는 건, 서로 도우며 자라는 거야."
한별이도 고개를 끄덕이며 말했어요.
"이제 마지막 마을이 남았어. 끝까지 해보자!"

## 7장 한자 정리하기

◆ 다음 한자(漢字)를 따라 쓰고 <u>뜻과 음</u>을 쓰세요.

| 先 | 生 | 學 | 校 | 長 |
|---|---|---|---|---|
| 먼저 선 | 날 생 | | | |

◆ <u>배움</u>과 관련된 단어를 <u>한자(漢字)</u>로 따라서 쓰세요.

학생을 가르치는 사람, 경험이 많은 사람

학생에게 교육을 실시하는 기관

## 7장  더 나아가기

◆ 배움의 언덕에서 되찾은 한자들을 문제로 해결하며 복습해 봅시다.

1. 다음 한자의 뜻과 음을 찾아 바르게 연결하세요.

    가. 先 •                           • 배울 학

    나. 生 •                           • 학교 교

    다. 學 •                           • 먼저 선

    라. 校 •                           • 날 생

    마. 長 •                           • 어른 장

2. 다음 한자의 뜻과 음을 쓰세요.

    가. 校 (          )

    나. 長 (          )

    다. 生 (          )

3. 파란색 한자어의 음(소리)을 쓰세요.

    가. 교실에 들어갔더니 先생님께서 계셨다.        (     )생님

    나. 오늘은 내 生일이다.                          (     )일

    다. 동생이 초등학校에 입學을 했다.              학(   ), 입(   )

    라. 할머니께서 100세까지 長수하시면 좋겠다.    (     )수

4. 다음 문장에 어울리는 한자어가 되도록 보기에서 골라 **번호**를 쓰세요.

<보기>  ① 先   ② 生   ③ 學   ④ 校   ⑤ 長

가. 친구가 (　)문의 편지를 써줬다.　　　　　　　(　　　)

나. 교문 앞에 (　)장 선생님께서 계신다.　　　　(　　　)

다. 엄마가 계셔서 사고가 발(　)하지 않았다.　　(　　　)

라. 오늘 급한 일은 우(　) 끝내야겠다.　　　　　(　　　)

마. 나는 유치원을 졸업하고 초등(　)생이 되었다.　(　　　)

5. 아래 문장에서 '배움'과 관련된 단어를 찾아 **밑줄**을 긋고, 알맞은 한자를 골라 **○표** 하세요.

가. 친구와 학교 운동장에서 축구를 했다.　　　(　先生, 學校　)

나. 선생님께서 나를 보고 환하게 웃으셨다.　　(　先生, 學校　)

6. 다음 글에서 한자어의 **음(소리)**을 쓰세요.

오늘은 學校(　　)에서 현장체험학습을 다녀왔다. 동물원에서 동물에 대해 學習(　습)하고, 동물들이 어떻게 生活(　활)하는지도 배웠다. 오래 산다는 長壽(　수) 거북도 봤다. 先生(　　)님과 친구들과 함께 해서 즐거운 현장체험학습이었다.

# 8장

## 마지막 수업, 다시 만날 약속

# 8장 마지막 수업, 다시 만날 약속

숫자, 요일, 크기, 가족, 방향, 빛, 배움 마을까지 모두 복구한 한별이와 한봇은 이제 마지막 마을에 도착했어요. 바로 하늘에 떠 있는 '지식의 별 마을'이었죠.

그런데 마을 전체가 멈춰 있었어요.

둥둥 떠 있는 마법 교실은 모두 닫혔고, 하늘은 흐릿했어요.

"한별아 이 마을이 멈추면… 모든 세상의 배움이 멈춰버릴 거야."

"이게 마지막 미션이겠지. 다 고치면, 다시 집으로 돌아갈 수 있을 거야."

## 미션 1  가르침의 불꽃을 밝혀라!

선생님의 불빛이 꺼졌어요!

한봇 : '教'는 손(攵)으로 아이(子)에게 알려주는 모습이야.
가르침은 사랑이고, 길을 보여주는 일이야.
한별이가 손과 아이의 모습을 그리자, '가르침' 한자몬이
촛불을 들고 나타났어요!

**복구한 한자**   教 (가르칠 교)

爻 + 子 + 攵 = 教   (잘못했을 때)아이를 회초리로 때려서라도 배우게 한다는 뜻이에요.

 가르칠 **교**

 가르칠 교

가르칠 교

가르칠 교

---

1. 그림에서 가르칠 교(教)를 찾아 ○표 하세요.

| 室 | 韓 | 教 |
|---|---|---|
| 外 | 國 | 民 |
| 教 | 民 | 校 |

2. 가르칠 교(教)가 들어가는 단어들을 알아보고 가르칠 교(教)를 써보세요.

  교실
        教室
가르치는 방

  교사
        教師
가르치는 사람

제8장 마지막 수업, 다시 만날 약속

## 미션2 교실을 열어라!

교실 문이 모두 잠겨 있어요!
한봇 : '室'은 지붕 아래(宀), 배움이 피어나는 방이야.
한별이가 지붕과 안의 공간을 그리자, '집' 한자몬이 열쇠를 돌렸어요!

**되찾은 한자** 室 (집 실)

宀 + 至 = 室   사람이 지붕 아래 머물며 쉬는 공간이라는 뜻이에요.

| 室 | 室 | | |
|---|---|---|---|
| 집 **실** | 집 실 | 집 실 | 집 실 |

----

1. 집 실(室)의 의미를 생각하며 한자를 색칠하세요.

2. 집 실(室)이 들어가는 단어들을 알아보고 집 실(室)을 써보세요.

| | | |
|---|---|---|
|  목욕하는 곳 | 욕 실 | 浴室 |
|  집의 안쪽 공간 | 실 내 | 室內 |
|  음악 교실 | 음 악 실 | 音樂室 |

## 미션3 바깥 세상과 이어라!

밝이 안 보여요! 세상과 단절됐어요!
한봇 : '外'는 저녁(夕)과 점(卜)이 문 밖에 있는 모습이야.
한별이가 문 밖을 향해 선을 그리자, '바깥' 한자몬이 문을 활짝 열었어요!

**되찾은 한자** 外 (바깥 외)

夕 + 卜 = 外

옛날에 밖에 나가 저녁에 다음 날 운수를 보는 점을 쳤다는 뜻이에요.

| 外 | 外 | | | |
|---|---|---|---|---|
| 바깥 **외** | 바깥 외 | 바깥 외 | 바깥 외 | |

1. 바깥 외(外) 7개를 찾아 ○표 하세요.

外 韓 國 敎 室 民 內
國 內 外 敎 外 室
國 民 外 敎 室 外 內
外 敎 室 民 外

2. 바깥 외(外)가 들어가는 단어들을 알아보고 바깥 외(外)를 써보세요.

밖으로 나감

외출
外 出

다른 나라 사람

외국인
外 國 人

제8장 마지막 수업, 다시 만날 약속

## 미션4 세상을 다시 잇다!

나라들의 경계가 모두 사라졌어요!
한봇 : '國'은 울타리(囗)를 창(戈)으로 지키는 모습이야.
한별이가 성벽과 창을 조합하자, '나라' 한자몬이 지도를 펼쳤어요!

**되찾은 한자** 國 (나라 국)

或 + 囗 = 國

땅 위에 무기를 들고 성벽을 지키는 테두리 안의 공간으로 '나라'를 의미해요.

丨 冂 冃 月 同 同 同 或 國 國 國

| 國 | 國 | | |
|---|---|---|---|
| 나라 국 | 나라 국 | 나라 국 | 나라 국 |

1. 나라 국(國)의 의미를 생각하며 한자를 색칠하세요.

2. 나라 국(國)이 들어가는 단어들을 알아보고 나라 국(國)을 써보세요.

| | |
|---|---|
|  나라의 땅 | 국 토<br>國 土 |
|  나라의 깃발 | 국 기<br>國 旗 |
|  미국 사람 | 미 국 인<br>美 國 人 |

## 미션5 모두를 기억하라!

우리가 누구였는지 잊었어요…

한봇 : '民'은 한쪽 눈이 먼 사람 모습, 함께 사는 우리를 뜻해. 한별이가 조용히 눈을 감고 선을 그리자, '백성' 한자몬이 거울을 비췄어요.

**되찾은 한자**   民 (백성 민)

먼 옛날에는 한쪽 눈을 멀게 해 노예로 삼은 천한 신분을 의미했어요.

  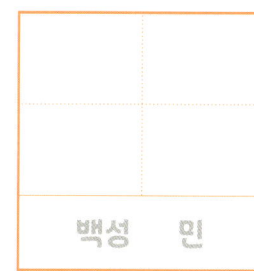 

백성 민 | 백성 민 | 백성 민 | 백성 민

1. 백성 민(民)을 찾아 색연필로 색칠하세요.

| 民 | 民 | 民 | 民 | 民 | 民 | 民 | 民 | 民 |
|---|---|---|---|---|---|---|---|---|
| 民 | 月 | 北 | 四 | 東 | 北 | 寸 | 木 | 民 |
| 民 | 民 | 民 | 民 | 民 | 民 | 民 | 民 | 民 |
| 民 | 六 | 北 | 民 | 三 | 北 | 南 | 二 | 西 |
| 民 | 民 | 民 | 民 | 民 | 民 | 民 | 民 | 民 |
| 民 | 六 | 日 | 民 | 火 | 北 | 西 | 東 | 南 |
| 民 | 日 | 北 | 民 | 三 | 北 | 南 | 二 | 西 |
| 民 | 北 | 北 | 十 | 民 | 北 | 火 | 三 | 六 |
| 民 | 火 | 民 | 七 | 七 | 民 | 北 | 火 | 火 |
| 民 | 民 | 北 | 十 | 火 | 北 | 民 | 四 | 民 |
| 民 | 日 | 二 | 西 | 東 | 西 | 寸 | 民 | 二 |

2. 백성 민(民)이 들어가는 단어들을 알아보고 백성 민(民)을 써보세요.

민심 — 백성들의 마음 — 民心

시민 — 도시에 사는 사람 — 市民

국민차 — 많은 사람이 타는 차 — 國民車

## 미션 6 이름을 되찾아라!

하늘의 문이 왜 안 열리지?
한봇 : '韓'은 실처럼 이어진 사람들이 하나의 이름 아래 모인다는 뜻이야.
한별이가 하늘을 이으니, '한' 한자몬이 깃발을 높이 들었어요!

**되찾은 한자** 韓 (한국 한)

卓 + 韋 = 韓  방패를 들고 지키는 가죽 성벽으로 둘러쌓인 크고 강한 공동체를 의미해요.

| 韓 | 韓 | | |
|---|---|---|---|
| 한국 **한** | 한국 한 | 한국 한 | 한국 한 |

1. 한국 한(韓)을 색연필로 색칠하세요.

2. 한국 한(韓)이 들어가는 단어들을 알아보고 한국 한(韓)을 써보세요.

한류 韓流 — 한국 문화의 세계적 인기
한복 韓服 — 한국 전통 옷
대한민국 大韓民國 — 우리나라 정식 이름

지식의 별 마을 회복!
모든 한자가 복구되자 하늘에 별들이 하나둘 빛나기 시작했어요.
닫혀 있던 마법 교실도 다시 열렸고, 한자몬 친구들이 손을 흔들며 말했어요.
"한별아, 고마워! 덕분에 우리가 다시 배울 수 있게 되었어!"
"기억해, 한별아. 배움은 멈추지 않아. 다음에 더 많은 한자가 널 기다릴 거야."
한별이도 미소 지으며 고개를 끄덕였어요.
"다시 만날 때까지… 안녕!"

그리고 현실로…
"한별아, 밥 먹어라~!" 엄마 목소리에 눈을 뜬 한별이는 자기 방이었어요.
태블릿은 그대로 켜져 있었고, 게임 화면엔 '다음 모험 준비 중…'이라고 써 있어요.
"진짜 꿈이었을까? 아니면… 진짜였나?"
책상 위엔… 한봇 인형이 조용히 웃고 있었지요.

### 8장 한자 정리하기

◆ 다음 한자를 따라 쓰고 뜻과 음을 쓰세요.

| 教 | 室 | 外 | 國 | 民 | 韓 |
|---|---|---|---|---|---|
| 가르칠 교 | 집 실 | 바깥 외 | 나라 국 | 백성 민 | 한국 한 |

제8장 마지막 수업, 다시 만날 약속

8장 더 나아가기

◆ 지식의 별 마을에서 되찾은 한자들을 문제로 해결하며 복습해 봅시다.

1. 다음 한자의 뜻과 음을 찾아 바르게 연결하세요.

가. 敎 •　　　　　　　　• 집 실
나. 室 •　　　　　　　　• 가르칠 교
다. 外 •　　　　　　　　• 백성 민
라. 國 •　　　　　　　　• 나라 국
마. 民 •　　　　　　　　• 한국 한
바. 韓 •　　　　　　　　• 바깥 외

2. 다음 한자의 뜻과 음을 쓰세요.

가. 民 (　　　　　)
나. 室 (　　　　　)
다. 韓 (　　　　　)

3. 파란색 한자어의 음(소리)를 쓰세요.

가. 우리는 모두 하나의 國민이에요.　　　　　(　　　)민
나. 지민이가 교室에 먼저 갔어요.　　　　　교(　　　)
다. 친구랑 外출해서 떡볶이를 사 먹었어요.　(　　　)출
라. 설날에는 韓복을 입고 세배를 해요.　　　(　　　)복

102　신나는 한자 대모험

4. 다음 <보기>에서 밑줄친 단어에 알맞은 한자를 찾아 번호를 쓰세요.

<보기>  ① 敎   ② 室   ③ 外   ④ 國   ⑤ 民   ⑥ 韓

가. 음악 선생님께서 우리 반 (　)실에 들어오셨어요.　　(　　)

나. 우리 (　)족은 세종대왕께서 만드신 한글을 사용해요.　(　　)

다. 우리 학교에는 (　)국에서 온 친구도 있어요.　　　　(　　)

라. 우리는 모두 대한민국 (　)민이에요.　　　　　　　(　　)

마. 교실에서는 (　)내화를 신어야 해요.　　　　　　　(　　)

바. 한옥마을에서 (　)복을 입고 돌아다녔어요.　　　　(　　)

5. 다음 글을 읽고, 밑줄 친 말에 해당하는 한자를 쓰세요.

가. 첫 해에 가르친 학생들이 어제 찾아왔어요.　　　　(　　)

나. 우리 나라는 삼면이 바다로 둘러싸여 있어요.　　　(　　)

6. 괄호에는 한자의 음(소리)을 쓰고, 둘 중 알맞은 한자를 고르세요.

방과후 시간에 敎(　　)라는 글자를 배웠어요. 선생님께서 학생을 가르치는 모습이라고 알려주셨어요. '실'(室, 宅)이라는 글자는 '집'을 의미하기도 하고, '방'을 뜻한다는 것도 알게 되었죠. 우리나라를 뜻하는 韓國(　　)과, 다른 나라를 의미하는 外國(　　)이라는 글자도 배웠어요. 마지막으로, 백성을 뜻하는 '민'(氏, 民)이라는 글자는 우리 모두를 의미한다고 하셔서 깜짝 놀랐어요.

# 정답

## 1장 더 나아가기 — 24쪽

| | | |
|---|---|---|
| 1 | 가. 一 — 하나 일<br>나. 二 — 두 이<br>다. 三 — 석 삼<br>라. 四 — 넉 사 | 4 | 가. ③<br>나. ②<br>다. ①<br>라. ④ |
| 2 | 가. 다섯 오<br>나. 여섯 육<br>다. 일곱 칠 | 5 | 가. <u>육학년</u> 六   나. <u>칠순</u> 七 |
| 3 | 가. 1월 (일)일    나. (팔)자놀이<br>다. (팔)십점    라. (십)자말 | 6 | 가. 二  나. 四  다. 六  라. 七 |

## 2장 더 나아가기 — 37쪽

| | | |
|---|---|---|
| 1 | 가. 月 — 달 월<br>나. 木 — 나무 목<br>다. 土 — 흙 토<br>라. 火 — 불 화 | 4 | 가. ④<br>나. ②<br>다. ①<br>라. ③ |
| 2 | 가. 日 (해 일)<br>나. 水 (물 수)<br>다. 金 (쇠 금) | 5 | 가. <u>화요일</u> 火   나. <u>수요일</u> 水 |
| 3 | 가. (월)급     나. 수(목)원<br>다. 소(화)기    라. 생(일) | 6 | (순서대로) 수, 木, 日, 금, 水 |

디지털 시대, 한자가 곧 문해력!  신나는 漢字 대모험

### 3장 — 더 나아가기 ··················· 49쪽

| | | | |
|---|---|---|---|
| 1 | 가. 大 — 큰 대<br>나. 門 — 문 문<br>다. 人 — 사람 인<br>라. 小 — 작을 소 | 4 | 가. ②<br>나. ③<br>다. ①<br>라. ④ |
| 2 | 가. 뫼 산<br>나. 가운데 중<br>다. 임금 왕 | 5 | 가. 大  나. 山 |
| 3 | 가. 교(문)    나. (소)인<br>다. (중)앙    라. 한라(산) | 6 | 가. 人  나. 中  다. 山  라. 人 |

### 4장 — 더 나아가기 ··················· 60쪽

| | | | |
|---|---|---|---|
| 1 | 가. 父 — 아비 부<br>나. 母 — 어미 모<br>다. 子 — 아들 자<br>라. 女 — 여자 여 | 4 | 가. 女<br>나. 父<br>다. 子<br>라. 母 |
| 2 | 가. 형 형<br>나. 아우 제<br>다. 아들 자 | 5 | 가. <u>아버지</u>(父)  나. <u>형</u>(兄) |
| 3 | 가. (자)녀    나. 형(제)<br>다. (여)학생  라. (부모)님 | 6 | 가. 母  나. 兄  다. 弟  라. 子 |

# 정답

## 5장 더 나아가기 — 71쪽

| 1 | 가. 南 — 남쪽 남<br>나. 西 — 서쪽 서<br>다. 寸 — 마디 촌<br>라. 東 — 동쪽 동 | 4 | 가. ②<br>나. ①<br>다. ④<br>라. ③ |
|---|---|---|---|
| 2 | 가. 南 (남쪽 남)<br>나. 北 (북쪽 북)<br>다. 東 (동쪽 동) | 5 | 가. 남쪽 南   나. 북쪽 北 |
| 3 | 가. (백)의   나. (군)인<br>다. (청)명   라. 일(년) | 6 | (순서대로) 東, 南, 西, 北 |

## 6장 더 나아가기 — 81쪽

| 1 | 가. 靑 — 푸를 청<br>나. 軍 — 군사 군<br>다. 白 — 흰 백<br>라. 年 — 해 년 | 4 | 가. ③<br>나. ②<br>다. ⑤<br>라. ④ |
|---|---|---|---|
| 2 | 가. 白 (흰 백)<br>나. 年 (해 년)<br>다. 萬 (일만 만) | 5 | 가. 군대 軍   나. 푸른하늘 靑 |
| 3 | 가. (백)의   나. (군)인<br>다. (청)명   라. 일(년) | 6 | (순서대로) 年, 백, 군 |

디지털 시대, 한자가 곧 문해력!  신나는 漢字 대모험

## 7장 더 나아가기 — 91쪽

| 1 | 가. 先 — 배울 학<br>나. 生 — 학교 교<br>다. 學 — 먼저 선<br>라. 校 — 날 생<br>마. 長 — 어른 장 | 4 | 가. ⑤　　나. ⑤<br>다. ②　　라. ①<br>마. ③ |
|---|---|---|---|
| 2 | 가. 校 (학교 교)<br>나. 長 (어른 장)<br>다. 生 (날 생) | 5 | 가. 학교 學校　나. 선생 先生 |
| 3 | 가. 교(문)　　나. (소)인<br>다. (중)앙　　라. 한라(산) | 6 | (순서대로) 학교, 학, 생, 장, 선생 |

## 8장 더 나아가기 — 102쪽

| 1 | 가. 敎 — 집 실<br>나. 室 — 가르칠 교<br>다. 外 — 백성 민<br>라. 國 — 나라 국<br>마. 民 — 한국 한<br>바. 韓 — 바깥 외 | 4 | 가. ①　　나. ⑤<br>다. ③　　라. ④<br>마. ②　　바. ⑥ |
|---|---|---|---|
| 2 | 가. 백성 민<br>나. 집 실<br>다. 한국 한 | 5 | 가. 敎　나. 國 |
| 3 | 가. (국)민　　나. 교(실)<br>다. (외)출　　라. (한)복 | 6 | (순서대로) 교, 室, 한국, 외국, 民 |

## 집필진

**이수철**
- 한일비교어문학 박사
- AI 디지털 혁신 교사
- (사)스마트교육학회 부회장
- 문부성교원파견연수(동경외국어대)
- 사소한 이야기 속 위대한 생각(미디어숲)
- 디지털슈퍼맘 대작전(2024, 박영스토리)

**김상은**
- 호수돈여자중학교 영어교사
- 대전광역시교육청 TEE 인증교사

**김용욱**
- 교실혁명선도교사
- AIEDAP 마스터 교원
- 기적의 초등 AI공부법(2024, 더샘)
- 디지털슈퍼맘 대작전(2024, 박영스토리)
- ChatGPT Voice 활용 영어 수업의 실제(충남교육청)

**김혜신**
- 교실혁명선도교사
- EBSe활용교사(2019-2025)
- 2022개정교육과정 초등 선도교원
- 디지털슈퍼맘 대작전(2024, 박영스토리)
- 국립공주대학교 교육대학원 교육방법 석사

**사공정일**
- 교실혁명선도교사
- AIEDAP 마스터 교원
- 교육부 영재키움프로젝트 대표멘토교사
- KERIS 디지털기반 수업혁신 선도학교 현장지원단(23~24)
- 한자교육진흥회 한자능력검정1급

**이슬비**
- 전주홍산초등학교 정보 담당 교사
- 교실혁명 선도교사
- AIEDAP 마스터 교원
- 전북 에듀테크 선도교사
- Play IT! FLL 챌린지(공저, 2024, 퓨너스)

**이영민**
- 대전갑천중학교 한문교사
- 한자자격증1급
- 일본어능력시험자격증2급

**조미나**
- 교실혁명선도교사
- 교육부 전국 단위 수업평가 연구회(SDG티처스) 대표교사
- 디지털슈퍼맘 대작전(2024, 박영스토리)
- 마음에 스미는 그림책 한 문장(2024, 케렌시아)
- 에듀테크 & AI 수업: 그림책으로 여는 미래 교육 (2025, 교육과실천)

디지털 시대에 필요한 새로운 학습 역량을 고민하는 「디지털 문해력 한자 연구회」는 아이들이 한자의 모양과 뜻을 자연스럽게 익히고, 퍼즐을 풀듯 문제를 해결하며 사고력을 키우는 수업을 연구합니다.

특히 게임처럼 몰입되는 이야기 구조를 활용하여 학생들이 즐겁게 참여하며 학습 동기를 높이는 방법을 탐구합니다.

연구회 활동을 통해 한자 학습뿐만 아니라 디지털 문해력, 창의적 문제 해결력, 협업 능력까지 함께 기를 수 있는 수업 모델을 개발하고 보급하는 것을 목표로 합니다.

디지털 시대, 한자가 곧 문해력!

신나는 漢字 대모험

이 책의 주人은

입니다.

에이다